PRÉSENT ET AVENIR

DE LA

DÉMOCRATIE

Discours prononcé dans différentes réunions publiques

PAR

Monseigneur FÈVRE

CANDIDAT RADICAL

Misereor super turbam.

SAINT-DIZIER

IMPRIMERIE G. SAINT-AUBIN ET THEVENOT

J. THEVENOT, Successeur

10, PORT DU FORT-CARRÉ, 10

1897

PRÉSENT ET AVENIR

PRINCIPAUX OUVRAGES DE Mgr FÈVRE

Histoire du catholicisme libéral, 1 vol. in-8º .	5	fr.
Le devoir des catholiques en France pendant la persécution, 1 vol. in-8º	2	»
Le casier ecclésiastique de M. l'abbé Fèvre, 1 vol. in-8º.	2	»
La défense de l'Église en France, 1 vol. in-8º.	2	»
La résistance à la persécution, 1 vol. in-8º . .	2	»
De la propriété des biens ecclésiastiques, 1 vol. in-8º.	2	»
La séparation de l'Église et de l'État, 1 vol. in-8º	2	»
De la restauration du droit pontifical, 1 vol. in-8º	2	»
La consigne du pape, in-8º, 2ᵉ édition.	1	»
Après ma candidature, in-8º	1	»
Dieu et la religion, in-12	1	»
Qu'est-ce que le IVᵉ État, in-12	1	»
Organisation du IVᵉ État, in-12	1	»
La liberté de l'enseignement supérieur, 1 vol. in-8º	3	»
Le budget du presbytère, 1 vol. in-8º, 2ᵉ édition.	3	»
La mission de la bourgeoisie, 1 vol. in-12. . .	2	»
L'éducation des enfants, 1 vol. in-18.	1	»
Du mystère de la souffrance, 1 vol. in-12 . . .	3	»
Du gouvernement de la Providence, 2 vol. in-12.	6	»
Histoire du cardinal Gousset, 1 vol. in-8º. . .	6	»
Vie de S. Camille de Lellis, 1 vol. in-8º illustré.	8	»
Histoire apologétique de la papauté, 7 vol. in-8º	42	»
Histoire générale de l'Église, 10 vol. in-8º. . .	50	»
Histoire universelle de l'Église, 15 vol. in-4º .	120	»
Les actes des Saints, 10 vol. in-4º	100	»
Bellarmini opera omnia, 12 vol. in-4º	120	»

POUR PARAITRE PROCHAINEMENT :

Histoire de la persécution libérale depuis 1789, 1 vol. in-8º.

PRÉSENT ET AVENIR

DE LA

DÉMOCRATIE

Discours prononcé dans différentes réunions publiques

PAR

Monseigneur FÈVRE

CANDIDAT RADICAL

Misereor super turbam.

SAINT-DIZIER

IMPRIMERIE G. SAINT-AUBIN ET THEVENOT

J. THEVENOT, Successeur

10, Port du Fort-Carré, 10

1897

N. B. Ce discours ne peut s adresser utilement qu'aux hommes instruits. Prière au lecteur intelligent d'en ménager, à d'autres, la lecture, et de propager lui-même, dans sa sphère d'action et d'influence, la connaissance des principes et des réformes nécessaires au relèvement de la patrie.

La France est en péril grave. Un acte d'aveuglement et de désespoir peut lui rouvrir l'ère sanglante des révolutions. Il faut, pour la sauver, une ligue des honnêtes gens ; un vote éclairé suffit pour y réussir.

J. F.

Saint-Dizier, le 8 mai 1897.

AVANT-PROPOS

L'auteur de ce discours a porté la parole dans diverses réunions publiques à Louze, à Montiérender, à Saint-Dizier, à Chaumont ; il reproduit, ici, ces différentes allocutions, dans l'unité d'un même plan. L'expression n'est pas toujours celle qui s'est, de prime abord, présentée spontanément sur les lèvres de l'orateur ; le fond des idées est absolument le même ; dans cette reproduction, il s'est même plutôt accentué qu'adouci.

Mgr Fèvre se déclare candidat radical, non pas dans le sens étroit, faux, égoïste, impie, des révolutionnaires : mais dans un sens doctrinal, plus élevé, plus juste, plus fécond, plus conforme aux grandes traditions de la France, aux principes de la foi et aux espérances de l'avenir.

Le présent discours est le symbole abrégé de ce radicalisme contre-radicalisme.

L'idée-mère de ce discours, c'est que l'individualisme de 89 a posé le principe d'une guerre sociale dont nous voyons les désastres : l'individualisme révolutionnaire est l'infâme qu'il faut écraser, non pour détruire la liberté, mais pour lui assurer sa constitution.

La société domestique, la société civile, la société religieuse sont, à des titres divers, des institutions divines. Dans ces sociétés nécessaires, il doit se former, pour l'accroissement physique, intellectuel et moral du genre humain, des associations libres. Prohiber ces associations entre personnes qui poursuivent, en toute justice, une même idée, un même travail, un même intérêt, c'est décréter, au nom de la loi, l'amoindrissement de l'humaine espèce, et préparer, en dernière analyse, le retour à l'état sauvage.

La révolution française a commis ce quintuple crime : elle a supprimé les associations libres, elle a mis les hommes en poussière, elle leur a concédé toutes les licences, elle a armé l'État pour les contenir, et elle laisse le capitalisme les exploiter. C'est la misère, c'est la guerre.

L'association, permise aux capitaux, a pu accomplir de gigantesques transformations. Pourquoi le bénéfice de l'association, assuré aux fruits du travail, serait-il refusé au travail vivant, qui possède nécessairement les mêmes droits et revendique justement de plus hautes immunités.

La conclusion à tirer, c'est que le peuple français, dupe, depuis un siècle, de mandataires ignares, doit confier, à d'autres mains, à des mains éclairées et résolues, la garde de sa fortune, la charge des réformes nécessaires, l'œuvre de notre salut social.

S'il y a un pays où cette conclusion est rigoureuse, c'est dans la Haute-Marne. Depuis longtemps ses mandataires n'ont rien compris au devoir social, et pour autant qu'ils ont pu le comprendre, l'ont négligé, peut-être trahi. — Que les électeurs sachent bien qu'il leur incombe de sauver la patrie.

On nous accuse de prêcher la guerre de classes ; nous voulons, au contraire, y mettre fin, par ordre de la souveraineté nationale et à son profit. Il n'y a plus de classes.

Liberté, égalité, fraternité, telle est la devise dont il faut poursuivre la plus parfaite application.

Par la force des choses, cela doit arriver un jour. C'est écrit au ciel.

DISCOURS

prononcé à Chaumont

le 2 janvier 1897.

Messieurs et Chers Compatriotes,

M. le Président propose et vous permettez que j'aie, le premier sur quatre, l'honneur de vous adresser la parole. C'est une bonne grâce, Messieurs, je vous en remercie. La bonne grâce toutefois n'est pas sans péril. Ouvrir la discussion et la circonscrire, en déterminer les éléments, en exposer les doctrines, en déduire les conséquences, aller au devant des critiques, provoquer surtout et motiver les résolutions : autant de difficultés. Les affronter, ces difficultés, offre d'ailleurs un double avantage : les prémices de votre attention, et, dans ces prémices, le gage de votre impartialité. (*Mouvement d'attention.*)

Je remercie également et je félicite de leur initiative les électeurs sénatoriaux de cette bonne ville. Les communications directes entre électeurs et candidats sont, Messieurs, un fait important de droit public. La souveraineté du peuple, exercée par le suffrage universel, amène, de temps à autre, des élections. Ces élections, pour produire des choix intelligents et dignes, exigent deux choses : de la part des candidats, une sincérité absolue ; de la part des électeurs, le plus pur désintéressement. Pas de préjugés, pas de partis pris ! Se rencontrer cordialement, se voir et s'entendre, tout peser à la balance du patriotisme: voilà une loyale conduite. Ni vous ni moi ne voulons,

Messieurs, nous soustraire à ces exigences. (*Redoublement d'attention.*)

L'objet de cette réunion est de nous préparer à l'accomplissement de ce double devoir.

Ma candidature, Messieurs, est avant tout, un acte de confiance dans votre probité. Si j'avais supposé, un instant, que la soutane vous fît peur ; si j'avais cru que les préjugés vous aveuglent, que les passions de parti vous rivent à la chaine, je serais resté en paix dans ma solitude. J'ai cru, au contraire, que dépositaires momentanés de la souveraineté nationale, électeurs d'élite, fils généreux de la noble France, vous aviez·tous, au fond de l'âme, un sentiment vrai de sa grandeur, de ses épreuves et de ses inquiétudes ; que vous vouliez tous la relever à la hauteur de ses traditions ; que votre grand souci était de confier, à des mains prudentes, ses intérêts et sa fortune. Alors je me suis dit que de longues études, de nombreux ouvrages, de mûres réflexions, une résolution qui ne sait pas fléchir, me permettaient, aussi bien qu'à d'autres, de comparaître devant votre grand jury des communes françaises, de soumettre à vos patriotiques appréciations mes vieilles convictions, mes vues personnelles : également prêt à rentrer dans le rang, après votre décision, ou à monter sur le rempart, à courir aux avant-postes, s'il vous plait de m'appeler à la défense de la patrie, menacée par les hordes barbares de l'anarchie et du socialisme. (*Applaudissements.*)

Vous avez tous reçu ma profession de foi ; j'aime à croire que vous l'avez lue, relue peut-être. Vous lui rendrez cette justice : elle n'affecte pas des voies tortueuses ; elle ne s'ingénie pas aux fallacieuses promesses ; elle ne vise pas à enlever, par ruse, votre assentiment. C'est un programme où j'ai résumé sommairement les plus graves questions de la politique contemporaine ; où j'ai indiqué, avec une sincérité, presque compromettante, les réponses que je tiens pour vraies. Je n'ai pas dit tout ce que je pense, mais je pense tout ce que j'ai dit. La présente allocution a pour objet, de compléter, de développer, de préciser, tout ce que la brièveté forcée d'une circulaire n'a pas permis de mettre en suffisant relief. En entrant avec vous, Messieurs, en communication publique, je ne me départirai pas de cette même sincérité et je parlerai, s'il se peut, avec une victorieuse précision. Une loyauté parfaite est, à mes yeux, la meilleure politique. (*Très bien, très bien.*)

Le paysan du Danube, dans La Fontaine, adresse à Dieu cette prière :

> *Veuillent les immortels, conducteurs de ma langue,*
> *Que je ne dise rien qui puisse être repris.*

Nous pourrions adresser la même prière ; nous devrions craindre de n'être pas exaucés. Venus de tous les points de l'horizon ; séparés, non par de simples nuances, mais par des oppositions d'idées et de principes, nous sommes certains que nos discours, agréables à nos amis, sont désagréables à nos adversaires. Nous sommes donc condamnés à dire des choses très plausibles pour les uns, inadmissibles pour les autres. Le seul moyen d'éviter les contradictions, serait de garder le silence. Si nous parlons, il faut que notre auditoire se résigne à nous entendre, même à déplaisir et se persuade que ce petit sacrifice aura son profit. Un moraliste a dit le mot propre : *C'est du choc des idées que jaillit la lumière.* (*Sourires et assentiment.*)

I

Le désarroi des finances.

La première question que doit examiner le patriotisme, c'est l'état des finances.

Un négociant qui veut entrer, avec une maison, en rapports commerciaux, demande à voir les livres de comptes. Si l'exercice annuel se solde chaque année avec un excédent de recettes, la maison est florissante ; on peut croire à son avenir ; si, au contraire, chaque année la dépense surpasse la recette, et accuse un déficit, c'est que la maison est mal gouvernée et va aux abimes. Où en est donc le budget de la maison de France.

Cette question est de la plus haute importance. Chacun de nous a sa maison qu'il gère au mieux de sa prudence, de son travail et de son industrie. Mais.outre cette maison particulière, dont le toit abrite notre tête, il y a une maison de commune, une maison de département, une maison de France, dont les trois budgets superposés ont, dans le nôtre, de nécessaires contre-coups. Nous aurons beau prospérer dans notre petit domicile ; si la commune, le département et la patrie nous atteignent par les défaillances de leurs budgets respectifs, nous serons ruinés tout de même, non par notre faute, mais par la faute de nos mandataires.

Quelle est donc aujourd'hui, débarrassée de tout appareil, de tout détail inutile, la vraie situation de nos finances ?

1° Le budget annuel atteint le total, au bas mot, de trois milliards cinq cents millions. — Par un reste de pudeur, nos représentants, élus surtout pour voter le budget, n'y viennent que le plus tard possible, et comme à leur corps défendant. Parce que, honnêtement, ils ne peuvent ni le bâcler, ni le boucler, ils se réfugient dans les douzièmes provisoires. Et quand à la dernière limite ils ont arrêté ce projet d'exercice, ils votent chaque jour, pendant le reste de l'année, de nouveaux crédits, de nouvelles dépenses, pour solde desquelles, ils n'ont en prévision aucune recette. Le budget, à lui seul, donne l'idée d'une maison administrée follement.

2° Pour solder ces dépenses auxquelles ne répond aucune recette, et pour les dépenses ordinaires en attendant la recette régulière des finances, l'Etat émet des *Bons du Trésor*, au profit de quelques financiers. Ces financiers lui escomptent ces Bons qui doivent venir, en courant d'exercice, au remboursement. C'est la dette *flottante*, ainsi appelée parce qu'elle va toujours à vau-l'eau. Ces bons du trésor peuvent s'émettre dans une mesure sage, à un taux peu onéreux ; ils se prodiguent, sous la république, à peu près sans mesure et à des taux écrasants. Et pour quelques-uns qu'on rembourse, les autres ne peuvent se couvrir que par emprunts.

3° Pour solder les dépenses dont l'avenir doit profiter, l'Etat, outre les bons du trésor, émet des *Obligations à terme*, et contracte ainsi des dettes qu'il paiera, dans dix, vingt ou trente ans. Or, à ce jour, par l'émission des obligations à terme, l'Etat a hypothéqué l'avenir jusqu'à soixante ans d'avance. Nous ne pouvons pas payer le budget de l'année, et nous écornons, pour soixante ans, les budgets futurs.

4° En fin d'exercice, l'apurement des comptes financiers de la France, outre les Bons du trésor et les Obligations à terme, qui constituent la plupart autant de trous dissimulés, accuse une dette annuelle de cinq cents millions. Tous les deux ans, la dette publique s'augmente d'un milliard ; elle atteint treize milliards au moins pour les vingt dernières années.

5° Quand la maison de France était une maison bien tenue, il y avait une loi d'*Amortissement*, par laquelle on affectait chaque année une somme au paiement des dettes. L'amortissement ne fonctionnait plus qu'à l'état intermittent ; maintenant il est en sommeil pour la dette consolidée et se restreint à une partie de la dette flottante.

6° Autrefois il y avait une *Cour des comptes* qui vérifiait, sur des pièces comptables, toutes les dépenses de l'Etat. Maintenant la Cour des comptes ne fonctionne plus que très tardivement et très inutilement au point de vue de la responsabilité. De plus, outre la Cour des comptes, il y a une commission extra-parlementaire à laquelle la Chambre confie le règlement des affaires, qu'elle croit bon de soustraire à la Cour des comptes. C'est la bouteille à l'encre.

7° Autrefois il y avait des *Dépôts d'argent* auxquels l'Etat s'interdisait de toucher ; il n'y a plus d'argent en dépôt nulle part pour payer les dépenses éventuelles de l'Etat ; il n'y a plus rien ni à la Caisse des dépôts et consignations, ni aux Caisses d'épargne, ni nulle part. La France est sans le sou, et n'a, en cas d'imprévu, d'autres ressources que l'*emprunt* qui fonctionne, lui, d'une manière continue et accroît sans cesse la dette publique.

8o Autrefois, il y avait, à la Banque de France, des dépôts d'or et d'argent pour garantir les billets de Banque. A la Banque, si j'en crois un financier, il n'y a plus que des dépôts de particuliers, qui ne garantissent rien. Sauf la confiance qui en maintient le crédit, les billets de Banque tendent à se convertir en assignats.

En somme, les finances de la France sont en plein désarroi. Il est presque séditieux d'en parler. En admettant de notre part quelque erreur, inévitable en pareille matière ; en considérant dans ses grandes lignes la tenue de nos exercices financiers, il est clair que la maison de France est une maison régie par des fous.

Le budget de la France est un monceau d'or, abandonné sur la grande route, disait Taine ; on croirait plutôt qu'il est à portée de main de qui veut prendre, à la discrétion des voleurs.

En présence de cette dette consolidée à trente-quatre milliards, de cette dette flottante à deux milliards, d'un budget de trois milliards et demi ; en l'absence de capitaux dans les dépôts financiers, de garantie à la Banque de France et d'amortissement dans notre exercice annuel ; si je rappelle, d'autre part, les dettes des communes, des villes et des établissements publics ; si je rappelle encore la dette hypothécaire des particuliers fixée à quinze milliards, nous arrivons à une dette totale de cinquante à soixante milliards : j'en ignore le chiffre positif, et peut-être ce chiffre est-il indéterminable. — La France, d'autre part, avec ses richesses naturelles, est estimée valoir deux cents milliards : c'est le chiffre admis par les maîtres de l'économie politique. D'où suit que la France, pour un quart de sa valeur, est un pays qui ne s'appartient plus ;

il est sous la coupe de ses créanciers ; il peut être mutilé au hasard de la guerre et vendu à l'encan des révolutions.

Cette éventualité ne m'épouvante pas encore. Je connais la fécondité du sol français ; je connais, j'apprécie l'esprit laborieux, économe, vaillant, des populations qui cultivent ce sol généreux ; j'ai appris qu'une nation ne s'emporte pas à la semelle d'un soulier, qu'elle ne se laisse pas volontiers déchirer par des vautours, ni consigner au greffe d'un tribunal. J'aime donc à espérer que notre chère patrie se rachètera de ses dettes par son travail, qu'elle saura économiser avec sagesse le fruit de ses efforts, qu'elle saurait, au besoin, par sa bravoure, conjurer les disgrâces du destin.

Malheureusement un fait grave domine les éventualités de l'avenir. Depuis 1815 s'est constitué, en Europe, au-dessus des peuples, au-dessus des gouvernements, un syndicat de financiers internationaux, personnifié dans les Rothschild et dans cinq ou six autres Juifs. Le Juif est cupide, égoïste, passionné pour le gain, au point de n'éprouver guère d'autre passion. L'idée juive, l'idée mère et dominante de la race est que les Juifs sont appelés à l'empire, à la domination universelle sur les autres nations. Quant aux moyens d'exécution, ce sont les guerres, les ravages de provinces, la ruine des royaumes. L'instrument de conquête, ce n'est ni la force des armes, ni la puissance de la foi, c'est l'accaparement des capitaux. Accaparer les richesses des peuples au milieu desquels il vit ; les exploiter par la fraude, par la ruse, par l'agio, par l'usure ; développer partout les germes des pires instincts, corrompre le peuple afin de le ruiner, s'enrichir de ses dépouilles, et, par ces procédés, dissoudre les éléments de la vie nationale ; enfin, sur les ruines accumulées, élever l'édifice de la fortune et de la domination d'Israël : voilà le programme partout adopté, persévéramment observé par le peuple juif.

Le Talmud, inspiration et moule de la conscience juive, innocente et glorifie tous ces excès. Grâce à l'alliance israélite universelle et à la franc-maçonnerie, deux armes du Talmudisme, les Juifs, depuis 1815, ont effectué graduellement la conquête économique, la conquête politique et la conquête sociale de la France. C'est aujourd'hui cette ploutocratie qui tient tout. Par la banque, par la presse, par l'envahissement des places dans l'administration, dans la magistrature, dans l'armée, par la mainmise sur les budgets d'Etat, les Juifs sont les maitres des gouvernements, des événements politiques et du sort des peuples. Les Juifs, par le capitalisme, envahissent maintenant la terre ; ils nous mènent tout doucement à supprimer la démocratisation du sol, l'œuvre la plus populaire de la révolution ; ils ne désespèrent pas de tuer, un jour, la pauvre France.

C'est là, dans le désarroi de nos finances, la perspective qui doit faire trembler.

II

Les souffrances de l'agriculture.

Sur trente-huit millions d'habitants, la France en compte vingt-quatre appliqués à l'agriculture. Au point de vue pratique, comme au point de vue historique, l'agriculture est donc la première, la plus importante, la plus indispensable de nos industries. A tous ceux qui lui consacrent leurs soins, elle assure, en retour, le pain quotidien, le travail de toute l'année, l'appui et l'honneur de l'existence, le repos de la vieillesse. On peut opiner indéfiniment sur l'agriculture, on peut s'enquérir de ses sols, de ses modes de labourage, de ses engrais, de ses rendements, de ses débouchés, et différer sur chaque point, d'opinion avec ses contradicteurs. Mais il y a un point où toute divergence doit disparaître, c'est que le gouvernement doit rivaliser avec tous les citoyens, pour *assurer la prospérité* de l'agriculture. L'agriculture, en effet, est la source indispensable de notre alimentation, et le gage non moins nécessaire de notre indépendance. Sacrifier l'agriculture, ce serait d'abord tuer la poule aux œufs d'or ; ce serait ensuite et bientôt tuer la France.

Où en est l'agriculture française ? Notre agriculture est dans un état qui fait pitié aux hommes d'esprit et horreur aux hommes de conscience.

Le budget français, dressé à l'origine d'après les idées très fausses de Quesnay et des Physiocrates, a toujours été voté, depuis Mirabeau, d'après le type originel. Quesnay considérait la terre comme la source de *tous* les biens matériels, et conséquent avec lui-même, il faisait payer à la terre *tous* les impôts. Le législateur est revenu depuis, progressivement, des aberrations des Physiocrates ; mais elles ont gardé assez d'empire, pour peser encore, d'un poids excessif, sur la confection du budget.

L'agriculture, que le gouvernement devrait protéger de toutes ses forces, est accablée d'impôts. L'agriculture paie les 5/6 de la propriété foncière, les 5/6 de l'impôt des portes et fenêtres ; les 3/4 des contributions personnelles et mobilières ; les 9/10 de l'impôt sur le sel ; les 8/10 de l'impôt sur l'enregistrement, le timbre, le greffe et les hypothèques ; les 6/8 de l'impôt sur les boissons ; les 8/10 de l'impôt sur les chevaux et voitures et une grande partie de l'impôt sur les primes d'assurance. Un budget de trois milliards cinq cents millions fait payer à l'agriculture, chaque année, plus de trois milliards. En outre, l'agriculture a la charge des prestations en nature, des octrois, de l'impôt sur les chiens, des frais de transport d'huissiers, des frais de justice, des douanes, etc. Un tel budget écrase manifestement l'agriculture.

L'agriculture, de plus, est rongée par l'usure, mise à mal par le manque de bras, par la surélévation de tous les prix de production, par la dépréciation de tous les prix de vente. La terre, malgré tout, est encore un bon placement, mais avec la garantie d'hypothèque. Malheureusement la dette hypothécaire n'atteint pas moins de quinze milliards. Si le crédit exigeait le remboursement de cette créance, les petits propriétaires disparaîtraient en masse ; le créancier deviendrait propriétaire à sa place ; le fermier ne serait plus qu'un serf, non attaché à la glèbe. En d'autres termes, ce serait une révolution en sens inverse de 1789 ; la démocratisation du sol aurait disparu ; nous reviendrions à ces grandes propriétés qui, au dire de Pline, ruinèrent l'empire romain.

Depuis vingt ans, la terre a perdu la moitié de sa valeur ; la culture, réduite à elle-même, ne fait plus ses frais, et ne se maintient qu'à force de travail, de privations, d'économie et d'industries complémentaires. Beaucoup de fermes ne trouvent plus preneur qu'à des conditions illusoires ; beaucoup de terres restent en friche. C'est, pour l'agriculture, le commencement de la fin.

Pour remédier à cette situation pleine d'épouvante, un agioteur qui doit être un grand ennemi de la France, propose d'accorder au laboureur, la faculté de représenter la terre par un billet de banque, garanti par son bien, et de doubler ainsi sa fortune. Le laboureur, embarrassé dans ses affaires, serait seul à profiter de cette permission ; d'autres, pour se procurer du plaisir ou se livrer à des spéculations honteuses, pourraient user encore de cette faculté. Dans tous les cas, cette opération ne serait, pour l'agriculture, qu'une accélération de ruine, et pour la France, le plus grand des malheurs.

A un si grand mal, quel est le remède ? Ce qu'il faut, aux vingt-quatre millions de la France agricole, — la force nécessaire du pays, — ce que doit vouloir tout cœur patriote, ce sont des tarifs, sagement calculés, qui protègent le travail national, qui écartent le travail étranger, non pas dans tous les cas, mais lorsqu'il pourrait avoir comme conséquence *l'amoindrissement* du travail national. Ces tarifs doivent être calculés dans la double vue, non seulement de garantir habituellement le travail national, mais de le garantir *surtout* dans les moments où l'étranger, ayant besoin de se débarrasser d'un excès de production, livre ses produits à des prix ruineux pour notre industrie. C'est-à-dire que ces tarifs doivent être calculés et pour les temps *ordinaires*, et pour les temps *extraordinaires*, surtout pour les temps où nos voisins, vaincus par la nécessité, liquident à tout prix une situation embarrassante.

Pour donner corps à ces principes, j'ai proposé, comme formule mathématique de la justice budgétaire : *égalité* de traitement à *l'intérieur*, et *réciprocité* à la *frontière*. Nous ne demandons pas qu'on cesse de protéger l'industrie et qu'on l'écrase par l'invasion des produits étrangers ; nous croyons à la nécessité nationale de l'industrie, comme nous croyons à la nécessité nationale de l'agriculture ; dans une moindre proportion, mais avec une égale force, nous demandons qu'on protège également l'agriculture française contre la concurrence écrasante des producteurs plus favorisés ; et qu'on renonce à toutes ces comédies hypocrites, par quoi on fait miroiter, sous les yeux de l'agriculture, des promesses qui n'aboutissent jamais à aucune réalité. On ne se contente pas de promesses, on prend même quelquefois des mesures protectrices ; mais il y a toujours quelques voies dérobées qui permettent à l'étranger de tromper l'espérance du laboureur. Bref, c'est l'histoire du barbier qui rase, aujourd'hui pour vingt centimes, et demain pour rien. Demain n'arrive jamais ; le rasoir budgétaire de l'agriculture est toujours au même prix ; et ce rasoir est une hache.

J'ai cherché, dans les papiers des augures de la Haute-Marne, s'ils indiquaient quelque remède à la situation presque désespérée de l'agriculture française. J'ai trouvé qu'ils indiquaient la distillation des mûres, la fabrication du kirsch de prunelle... les opérations de Bourse. C'est cela. Vous n'avez pas de pain, mangez de la brioche et buvez un peu de kirsch après. — Mais je n'ai pas le moyen d'acheter du gâteau. — Alors, faites-en ; seulement les brioches, qui se pétrissent et se cuisent à la Bourse, ont une double propriété : elles donnent la fringale et ôtent les moyens d'apaiser son appétit. Autant vaudrait acheter une corde pour se pendre.

Le désarroi des affaires, pousse à toutes les extrémités. Ce que craignent aujourd'hui les hommes sages, c'est que l'opportunisme, avant de déposer son bilan, ne recoure en désespoir de cause, à des impôts extraordinaires, et ne nous mène, par ce moyen désespéré de salut public, tout simplement à la banqueroute de l'agriculture.

Ici revient la question de l'invasion juive : elle primait la question financière, elle prime également la question agricole. Non que le juif s'ingénie à la culture des champs ; de préférence, il se consacre au commerce. Le jeune juif débute par des opérations interlopes ou peu communes; il vend des lorgnettes, des habits, des chevaux ; il se fait boucher, épicier, marchand de biens ; le couronnement de sa carrière, son industrie préférée, plus lucrative que tout travail, c'est la banque. Avec la banque, il ne veut pas seulement accaparer les capitaux, il veut encore accaparer les éléments naturels du sol et les produits de la culture des champs. Le juif spécule sur tout : il spécule sur le fer, sur l'acier, sur le cuivre, sur le nickel, sur l'argent, sur l'or ; il spécule sur les blés, sur les vins, sur les sucres, sur les bestiaux, sur les alcools, sur les huiles, sur les laines, sur les plantes oléagineuses. L'objet de sa spéculation n'est pas le commerce ordinaire, le commerce honnête de l'échange des produits ou de leur vente à juste prix. Non, l'objet de sa spéculation, c'est d'accaparer tel ou tel produit, le blé par exemple ; c'est, moyennant certaines combinaisons, de faire baisser les prix pour acheter, et de les faire monter pour vendre, de manière à tenir les producteurs dans la misère et à s'enrichir promptement par les énormes profits du monopole. Ce n'est pas là, dis-je, le commerce ordinaire ; c'est ce qu'on appelle, suivant les points de vue où l'on se place, ici, spéculation, ailleurs, brigandage.

Le juif n'a pas de patrie ; les Juifs habitent au sein de tous les peuples, mais ne forment, entre eux, qu'une nation. Grâce à leur organisation internationale, les Juifs peuvent acheter les blés de Russie, de l'Inde, de l'Amérique, de l'Océanie. Ces blés, ils les font venir par la marine marchande ; ils les accumulent, pour le sud au marché de Marseille, pour le nord au marché de Londres. Avec ce blé qu'ils achètent à bas prix, qu'ils transportent à peu de frais, ils sont maîtres du marché français. Le bas prix de leur blé d'importation règle le prix de vente de notre blé indigène. Par la force des choses, notre prix de vente est inférieur à notre prix de production ; plus le laboureur produit, plus il se ruine.

Je dirai donc aux laboureurs français : « Vous serez aussi intelligents, aussi laborieux, aussi économes qu'il vous plaira ; vous réglerez aussi intelligemment que le veut la science, vos assolements, vos cultures, vos semences, vos récoltes, vos produits, vos marchés ; vous ne changerez rien à votre situation désastreuse, tant que la politique n'aura pas mis ordre à la spéculation juive. En vain, Dieu vous prodiguera les années fécondes ; en vain, vous ferez fructifier les bénédictions de Dieu, si le juif n'est pas mis à l'ordre, non seulement vous n'améliorerez pas votre position, mais vous la perdrez. Le travail sera pour vous, le profit pour les autres. Jusqu'au jour où le juif, maître du sol, dira, comme le proconsul romain : *Hæc mea sunt, veteres migrate coloni.* Vos champs passeront en d'autres mains ; vous ne serez plus que les colons du juif, ses serfs, peut-être ses esclaves. »

Voilà vingt ans que je prédis ces extrémités funestes. Nombre de laboureurs ont dit, comme plusieurs prêtres, que j'étais fou. Je souhaite aux uns et aux autres de partager ma folie. Alors ils discerneront clairement, dans les brumes de l'avenir, une révolution à rebours de tout progrès, qui peut réduire la France aux conditions agricoles les plus désastreuses et peut-être subalterniser notre malheureuse patrie. Ce serait la pire façon de la supprimer ; j'en sens déjà le deuil dans les angoisses de mon âme.

En nous élevant, avec force, contre l'envahissement judéo-maçonnique, nous devons écarter une objection. Suivant certains esprits aveugles ou abusés, nous prêcherions la guerre de classes et l'expulsion ou l'extermination des juifs ; par un anachronisme absurde, cruel et contradictoire à nos desseins, nous voudrions déroger à tous les droits garantis par la constitution française ; nous justifierions ainsi les iniquités des tyrans misérables qui traitent les catholiques de France en parias. Voici notre réponse :

Le vrai Judaïsme, celui qui a précédé l'avènement de Jésus-Christ, est hors de cause ; il garde tous nos respects. La religion divine, dont la loi a été révélée à Moïse, est l'expression de la loi éternelle ; elle a doté le peuple juif d'une constitution sociale admirable et préparé l'avènement de Jésus-Christ, annoncé par les prophètes d'Israël.

Le faux Judaïsme ou la *juiverie* est, au contraire, la perversion de la religion mosaïque ; c'est le produit de la tradition des Pharisiens, développée par les rabbins, tradition de haine et de guerre implacable contre les disciples de Jésus-Christ.

Dans le faux Judaïsme, nous distinguons encore le juif de Palestine du juif de la dispersion. Le juif de Palestine, attaché au sol cultivé par ses pères, vit en paix avec le genre humain ; le juif de la dispersion, répandu au sein de tous les peuples, forme un État dans l'État et conspire toujours contre la nation qui lui donne l'hospitalité.

Encore dans cette collectivité judaïque, nous distinguons le *bon* juif qui travaille comme tout le monde, avec sa femme et ses enfants ; qui élève convenablement sa famille et gagne sa vie par un honnête travail ; et nous ne le confondons pas avec le *mauvais et exécrable* grand juif dont l'association internationale forme le *cosmopolitisme* financier, le retour au régime féodal par la bancocratie.

Ce que nous combattons, c'est cette haute banque qui ruine la religion et les bonnes mœurs par l'impiété et la pornographie ; qui dépouille graduellement l'Église par toutes les lois de persécution ; qui asservit les gouvernements à sa fortune, et menace de réduire en esclavage le peuple chrétien.

Notre guerre contre cette juiverie, accapareuse et menaçante, est une guerre *pro aris et focis*, pour les foyers et pour les autels ; c'est la défense nécessaire de notre foi et de nos mœurs, de nos biens, de nos libertés, de notre honneur et peut-être de notre existence nationale.

Quiconque adhère aux gestes de la haute banque, est, pour nous, l'ennemi ; fût-il député, fût-il sénateur, fût-il catholique, fût-il prêtre, fût-il évêque, du moment qu'il soutient ces prévarications anti-chrétiennes et anti-françaises, c'est l'ennemi de la France. Tout électeur, par devoir de conscience et de patriotisme, est strictement tenu de le balayer par son vote ; je n'ose pas dire de le mépriser, encore moins de l'écraser.

III

La décentralisation.

La décentralisation est, depuis cinquante ans, le vœu de tous les bons esprits. Louis Veuillot au nom de la foi, Granier de Cassagnac au nom du bon sens, Cormenin au nom de la République, Laboulaye au nom de notre droit national, une foule d'autres ont mis successivement cette question à l'ordre du jour. La motion de ces bons français voudrait qu'on délivre la patrie du réseau de fonctionnaires qui l'étouffe et qu'on la laisse, je ne dis pas à la spontanéité de son génie, mais dans la main de son propre conseil. Le jour où la France sera mise en demeure de faire elle-même ses affaires, elle ne les fera peut-être pas beaucoup mieux qu'à présent ; elle ne peut pas les faire beaucoup plus mal ; mais tôt ou tard, après un noviciat nécessaire, elle saura se tirer d'embarras avec plus d'utilité et un accroissement d'honneur.

La décentralisation demandée, n'est pas la décentrali-

sation *politique*, au préjudice de l'unité, au profit du fédé-
ralisme, qui sait ? peut-être en perspective de la constitution des Etats-Unis de l'Europe.

Cette unité *nationale*, œuvre de nos rois, objet con s-
tant de leurs efforts, qui nous a coûté si cher et dont
nous sommes fiers à juste titre, doit être maintenue sans
discussion. L'armée, la magistrature, tous les grands
corps de l'Etat, tous les grands services de la société, doivent relever du gouvernement. Les affaires collectives,
les intérêts communs de la nation, le personnel qui les
gère, sont autant d'appartenances de l'Etat, son complément, ses organes, sa force. Là dessus, pas de question ;
pas de ces chimères malfaisantes qui iraient à considérer
la nation comme une vieillerie et le patriotisme comme
un défaut ou un vice.

La décentralisation *administrative*, que nous réclamons,
existe partout, comme création spontanée, sauf dans quelques Etats trop centralisés d'Europe. Chez les nomades,
c'est le clan ou la tribu qui règle définitivement les affaires ; à Rome, la *gens* et le municipe offraient des organi-
sations complètes ; dans l'ancienne France, la communu-
nauté ou la commune avaient leurs agents souverains.
Dans les pays de *Self-government*, l'individu ne peut compter que sur lui-même. En Angleterre, aux Etats-Unis, au
Canada, la paroisse ; en Chine, la famille ; en Russie, le
mir et la province se chargent de s'administrer. Sous la
diversité de formes, il y a partout un principe commun :
la société s'administre elle-même, par ses agents, non
par les fonctionnaires du gouvernement. On ne voit nulle
part, sauf en France, ces nuées de fonctionnaires, étrangers au pays, ignorant ses coutumes, ses mœurs, ses intérêts, qui font tout plier sous le niveau inflexible de leurs
règlements.

Je demande l'affranchissement des communes, et la
création de nouvelles provinces. Trois motifs comman-
dent cette capitale résurrection.

Primo, dans l'état primitif, l'homme essaie de se suffire.

Expérience faite de son insuffisance, il cherche assistance dans la société de ses semblables : il pratique le secours mutuel ; il se complète sans s'abdiquer. L'idée de faire faire ses affaires par d'autre que lui-même et sans qu'il ait à s'en occuper, est contradictoire à son entreprise. Se mettre en société pour s'effacer, pour s'asservir, répugne à la nature. La force seule peut nous dépouiller et la force c'est le commencement de la tyrannie. L'idée d'une société initiale, régulière, complète, suppose en pratique la décentralisation.

Secundo, en histoire, on ne voit disparaître la décentralisation effective que par les envahissements du pouvoir politique. En France, c'est l'œuvre commune des anciens rois, des jacobins et de Bonaparte. Pour eux, tout part du centre et tout doit y revenir ; la société leur obéit comme un automate ; l'administration fonctionne comme une machine avec la régularité de la mécanique. La tête conçoit, les membres exécutent ; l'outillage administratif fonctionne à merveille, du moins on le dit, parce qu'il roule toujours. C'est le contraire d'une organisation républicaine. Avec la souveraineté du peuple et le suffrage universel, ce que chaque citoyen ne peut pas faire par lui-même, il le fait par ses mandataires. L'administration ne part pas du centre, mais de la circonférence ; au lieu d'être arbitraire, autoritaire, despotique, elle n'est qu'une délégation sur un objet précis ; elle doit remplir sa tâche ; si elle y manque, elle sera révoquée. De la sorte, la commune, le département, la province, s'administrent et laissent au gouvernement... le gouvernement. C'est simple, c'est sage, surtout cela évite beaucoup de froissements et de frais.

Tertio, cette administration républicaine prévient la multiplication des fonctionnaires, ce *fonctionnarisme* devenu une *plaie sociale*. Le pays s'administrant lui-même oblige chaque citoyen à devenir un être actif, intelligent, désintéressé et dévoué ; si le pays est administré par des mandarins, les citoyens deviennent des mollusques et des viveurs, qui se désintéressent de la chose publique. Notre aberration en ce point est telle, qu'aujourd'hui tout le monde aspire à devenir *fonctionnaire* ou *pensionnaire*, ce qui nous amène à n'avoir plus que des *mercenaires*. Dans tous les villages, la grande ambition, c'est de ne plus travailler la terre et d'émarger au budget. Tout villageois, pour émigrer en ville, aspire à enlever un diplôme quelconque. Le diplôme obtenu, il cherche une place et excelle dans l'art de la solliciter. Or, un peuple de solliciteur est le dernier des peuples.

La place obtenue, notre *Rond-de-cuir*, qui eût si bien conduit la charrue, s'immobilise et prend du ventre. Cette nuée de fonctionnaires est famélique ; elle court après les avancements, les augmentations d'honoraires, les aubaines professionnelles, les dons gracieux. En même temps, le fonctionnaire se venge, sur ses administrés, des bassesses qu'il a faites pour parvenir ; esclave dans ses bureaux, c'est, pour les autres, un despote aveugle, sourd, formaliste et sans cœur. Bref, l'art de picorer et de tympaniser est élevé à sa plus haute puissance. Les fonctionnaires sont, à la France, ce que les sauterelles sont à l'Algérie, un fléau continu, une invasion qui dévore, un agent très actif de décadence et de ruine. (*Assentiment.*)

Vous croyez peut-être qu'avec les fonctionnaires d'État, les affaires iront mieux ? Non. L'intervention de l'État est inutile, nuisible, propre seulement à traîner les affaires en longueur, sans offrir, pour leur solution, plus de lumière, ni plus de sagesse. Les conseillers municipaux sont plus à même de connaître leurs intérêts ; il suffit qu'ils soient contrôlés au canton ; si le gouvernement les contrôle de loin, c'est l'invasion de la paperasse et des influences, moyen efficace pour condenser les ténèbres et faire des sottises.

Je propose un système d'administration, qui, au lieu d'atrophier le pays, le vivifie ; au lieu de l'énerver et de l'épuiser, développe les forces naturelles et ses puissances de production. Je propose la commune libre, le canton s'administrant lui-même, le département n'ayant plus de contrôle final que dans la province. On trouverait, pour tous les services, des agents gratuits, comme on trouve des maires pour toutes les communes.

Et ne criez pas à l'impossibilité? Ce mode d'administration est conforme à la nature ; la nature veut que chacun fasse ses affaires et ne s'associe que pour les mener à bon terme. Mais voilà ; nous sommes, sur la critique, de première force et nous manquons de résolution pratique. Comment ! le dernier des électeurs, le vacher, le porcher, a sa part de souveraineté pour constituer la France, pour la gouverner et la gouverner sans appel au peuple ;... et il serait dépourvu de toute capacité pour administrer une commune de cinq cents âmes. Quelle contradiction ! quelle aberration d'esprit et manque de suite dans les desseins ! (*Assentiment.*)

IV

Les affaires étrangères.

Un peuple, comme une grande famille, doit gérer d'abord ses affaires en toute raison et justice. Mais toutes ses affaires ne sont pas à l'intérieur ; il a aussi des intérêts au dehors. Les relations d'un peuple avec les autres peuples du globe, créent autant d'affaires d'intérêts, d'honneur et de progrès. A l'Etat en est confiée la garde.

Autrefois les relations des peuples entre eux étaient réglées par la morale publique de l'Evangile et maintenues par l'autorité de l'Eglise. Depuis le XVIᵉ siècle, le principe de foi chrétienne a été remplacé par la raison d'équilibre, fondé en général sur l'étendue des territoires respectifs, sur le chiffre de la population. Dire ce qu'a produit de bouleversements et d'iniquités, ce principe d'équilibre sans base, sans règle, sans garantie, n'est pas ici notre affaire. Il suffit d'ajouter qu'aux relations diplomatiques des princes entre eux, s'est jointe, depuis un siècle, dans les rela-

tions internationales, la représentation des peuples et l'é-
quilibre constitutionnel des trois pouvoirs. Cela suffit à
la discussion.

Après les événements désastreux de 1870, la France,
longtemps le premier peuple du monde, ne comptait plus
guère en Europe. Pendant quelques années, il fallut nous
refaire en silence : Thiers s'y employa de toutes ses forces.
Depuis que les plumes ont repoussé à nos ailes et les griffes
à nos pieds, les opportunistes ont voulu renouer graduellement la trame de nos vieilles traditions : personne ne
doit les en blâmer. Mais, où je cesse de les comprendre,
c'est quand, pour se faire admettre au concert des puissances, ils abdiquent en livrant l'Egypte à la rapacité de
l'Angleterre ; et en laissant à l'Allemagne carte blanche,
pendant qu'eux-mêmes, sur les inspirations perfides de
Bismarck, notre plus grand ennemi, s'engagent dans des
entreprises coloniales. Ces entreprises étaient utiles en
d'autres temps ; elles seront certainement nécessaires un
jour ; elles sont momentanément inopportunes au premier
chef, chez un peuple obligé de ne point gaspiller ses forces
d'hommes et d'argent ; incompréhensibles même chez un
peuple qui voit décroître tristement sa natalité et dont
l'étroitesse bureaucratique se prête peu à administrer di-
gnement les peuples conquis. Je n'insiste pas.

Une inspiration plus heureuse fut de mettre fin à notre
isolement, par l'alliance russe. Cette alliance, dont la préparation lointaine remonte à Léon XIII, — nous l'avons
appris du Cardinal Ferrata, qui le savait lui-même de
Nicolas II, — nous offre le précieux avantage de nous
donner d'abord confiance en nous-mêmes et d'offrir à
l'Europe un gage de paix. Mais nous nous grisons trop
de cette idée et de cette espérance. La Russie, sans doute,
peut nous aider au maintien de la paix ; mais, en égalisant
les forces pour le combat, elle peut nous précipiter aussi
dans les embarras et les dépenses d'une grande guerre ;
sans compter qu'elle nous engage à servir son intérêt.

En général, deux nations ne s'allient que pour leur intérêt réciproque. *Do ut des* : je vous donne ceci, vous me donnez cela ; nous sommes unis pour nous offrir naturellement des cadeaux. Que donnons-nous à la Russie ? que nous donne-t-elle ?

La Russie, comme l'a sagement démontré la *Libre Parole*, gagne à cette alliance, le succès de ses emprunts, — environ huit milliards, — la consécration de sa prépondérance en Asie, l'affirmation de sa force en Europe, la main sur la Turquie, la diminution de l'influence française en Orient. Nous avons gagné, nous, l'expédition anglaise vers Dongola, les massacres en Arménie, les massacres en Crète. La Russie avance vers la Méditerranée ; l'Angleterre se fortifie sur les bords du Nil. Franchement on peut se réjouir de l'alliance russe, mais sur le fait même de cette alliance, il faut mettre des sourdines à son enthousiasme ; sur son caractère, ses conditions, sa fermeté, la sagesse commande quelque réserve. Cronstadt, Toulon, la visite du Csar sont des pages d'histoire écrites avec la lyre ; pour le passé, c'est bien ; que sera l'avenir ?

Le côté le plus fâcheux de nos affaires étrangères, c'est la *paix armée*, ce sont ces terribles armements toujours à recommencer.

La paix armée oblige l'Europe à avoir six millions d'hommes sous les armes et à dépenser, chaque année, pour leur entretien, vingt milliards. Cette paix, plus que singulière, fait souffrir tous les peuples d'une lente consomption, et, en se perpétuant, met la civilisation en péril grave. De plus, en préparant des armes pour de grandes guerres, elle risque trop de faire éclater ces guerres un jour ou l'autre, ici ou là, à propos de quelque chose ou à propos de rien. Alors des guerres, d'horribles guerres sont en perspective. Ces guerres promettent d'épouvantables boucheries ; si elles nous sont fatales, c'est la banqueroute, c'est la guerre civile, qui sait ? peut-être la subordination et le partage de la France. On ne peut prévoir ces éventualités formidables, sans trembler pour son pays.

La cause première de cette situation mal assurée est l'annexion à l'Allemagne de l'Alsace-Lorraine. Les Allemands nous ont pris cette province ; ils ne seraient pas fâchés de la garder ; nous,pas fâchés de la reprendre. Puisque l'Alsace est la pomme de discorde, il faudrait statuer sur sa possession. Les Allemands ont conquis ce territoire par la force ; ils considèrent sa population, comme un accessoire passif du sol. Le droit international en vigueur n'admet pas ce mode de conquête ; c'est l'ordre inverse qui est le vrai ; même pour les Allemands, un peuple est maître de lui-même,peut seul validement disposer de son existence. Ce droit offre un facile moyen d'entente ; c'est de consulter, en Alsace, le suffrage universel. Si l'Alsace veut rester allemande, il n'y a plus de question pour nous ; si elle veut constituer un État neutre (1), elle en est libre et le peut, avec le consentement de l'Europe et sous sa garantie ; si elle veut revenir à la France, c'est son affaire, mais alors il faut désarmer le périmètre de ses frontières et offrir, à l'Allemagne fédérale, une compensation. Si ces hypothèses offrent des difficultés d'application, les puissances peuvent recourir, comme pour les Carolines, à l'arbitrage du Pape ou invoquer la sentence d'un tribunal d'Amphyctions internationaux. Voilà, j'espère, qui vaut un peu mieux que cette paix armée, qui risque de jeter l'Europe dans un lac de sang ; en tout cas, la situation est telle, qu'il n'y a pas lieu de s'en vanter.

Je termine, à voix basse, en disant que le personnel républicain n'offre, pour la représentation diplomatique à l'étranger, que de bien piètres figures. Quand la France avait, pour ambassadeurs, des Montmorency, des Rohan, des Choiseul, des Puységur ou des Talleyrand, cela sonnait, dans une cour, un peu mieux que Jean Fesse, Jean

(1) La Hollande, la Belgique, le Luxembourg, l'Alsace-Lorraine, la Suisse, la Dalmatie, la Bosnie, l'Herzégovine, la Serbie, la Bulgarie, la Roumanie et la Grèce, pourraient former au centre de l'Europe, une ligne continue d'États neutres ; ce serait un puissant gage de paix.

Foutre ou Théophile Cudasne. Autrefois on prenait dans les grandes familles ; maintenant on prend dans les sous-préfectures. Un jeune homme promet, on le nomme préfet ; puis on le bombarde ambassadeur. Ce qu'il voit, lui, là dedans, c'est une augmentation de fortune, un agrandissement de situation ; ce qu'y voit la France, c'est qu'elle est représentée par des gens sans figure et sans nom, parfois sans éducation ; c'est qu'elle est représentée par des Risque-tout.

On n'en voit pas le profit, encore moins l'honneur.

V

Le quatrième Etat.

La France d'avant 89 était la monarchie des trois ordres, dégénérée en absolutisme royal. En 89, le troisième ordre, la bourgeoisie, supprima d'abord la royauté en deux temps et trois mouvements : du roi absolu, elle fit premièrement un roi ordinaire, puis un roi pour rire qui régnait sans gouverner, puis un roi à déplorer, parce qu'elle lui coupa la tête. Quant aux trois ordres, elle procéda envers eux, cette aimable bourgeoisie, à peu près comme envers la royauté, toujours en deux temps et trois mouvements : *primo*, elle supprima les attributions des deux ordres supérieurs, pour s'en attribuer exclusivement les prérogatives ; *secundo*, elle supprima les biens de la noblesse et du clergé pour s'en adjuger la propriété exclusive ; *tertio*, pour empêcher les plaintes du clergé et de la noblesse, elle les envoya en exil ou à l'échafaud. Notre grande révolution est un drame très simple : on prend et on tue. Quand ce bel ouvrage, — un peu vulgaire, — est à son terme, il se trouva des poètes pour en composer des dithyrambes, des virtuoses pour mettre les dithyrambes en musique, des philosophes pour tout excuser et des historiens pour mentir. On s'habitue à tout, dit le proverbe.

On a écrit des montagnes de livres, pour maudire, excuser et glorifier ces dix ans de révolution. De la part de la bourgeoisie, l'éloge est bien naturel, puisque cette période couronne ses efforts séculaires et assure son triomphe. Ces pauvres bourgeois, si longtemps foulés, souvent tournés en ridicule, parfois honnis, les voilà devenus maîtres uniques du nouvel ordre social. Du troisième rang, ils passent au premier ; ils gardent pour eux le pouvoir, la propriété, l'argent, les bénéfices du gouvernement et sa gloire, s'il y en a. Nous n'avons pas à qualifier ici les mensonges des historiens et les dithyrambes des poètes ; mais à nous demander si ce tiers état est acquis définitivement, assuré d'un triomphe éternel, et si 89 est la borne terminative de l'histoire de France.

Depuis cent ans, les plus grands esprits de ce siècle, Châteaubriand, Napoléon, Lamennais, Lacordaire, Ventura, Gladstone, Manning pensent que 89 n'est qu'une date et qu'il doit avoir un complément ; ils disent que la démocratie, née au XIe siècle de notre ère, toujours en marche, tantôt à ciel ouvert, tantôt par des voies souterraines, doit un jour arriver au souverain pouvoir ; ils prétendent que désormais le tiers doit faire place au quatrième État ; ils ajoutent que l'Eglise, avec l'éternelle jeunesse de la papauté, a seule la boussole fidèle à l'exacte orientation, et le pilote qui conduit toutes les nations au port du salut.

Au fait, il faut bien peu connaître l'espèce humaine pour croire sérieusement qu'une classe peu nombreuse et peu distinguée, s'attribuera tous les profits et tous les honneurs d'une société, et que les autres parties de la population lui en laisseront, dans une possession incontestée, la trop facile jouissance. Depuis les origines obscures de l'histoire, les hommes sont en guerre pour se disputer et s'arracher les biens de ce monde. Sans parler des guerres éternelles suscitées par les conquérants, la borne des champs est chez tous les peuples, le point central d'incessants combats. Malgré le soin des notaires à dresser des actes, « Qui terre a guerre a, » dit le proverbe ; et cela est d'autant plus vrai que, dans les siècles de décadence, les hommes oublient leurs destinées immortelles et dévorent avec plus d'âpreté leur existence d'un jour.

D'autre part, sans vouloir provoquer les malheureux à la révolte, il faut bien reconnaître que, dans notre douce et noble France, tout n'est pas au mieux des désirs et des efforts. La division du travail, la concurrence, les machines, le crédit, la circulation des produits, toutes les forces économiques, laissées à l'anarchie de leurs mouvements, entrainent, avec d'heureux résultats, de grandes misères, parfois de grands désastres. Notre organisation politique, avec ses nuées de fonctionnaires et les suçoirs du fisc, exerce, d'ailleurs, sur les fortunes privées, d'excessives prélibations. La production est énorme, la distribution mal réglée, la consommation tristement restreinte. Les magasins regorgent, les marchés surabondent, il y a de tout en abondance, et il n'y a ni travail à l'atelier, ni pain, ni feu, ni maille à la mansarde. Est-ce là un état régulier ? (1)

Une expérience de cent ans a mis à nu les vices de la nouvelle organisation. Dans les commencements, le monde avait l'air d'aller tout seul ; il n'y avait plus qu'à *laisser faire* et à *laisser passer* : c'était la benoîte formule de l'âge d'or. Depuis cinquante ans il y a malaise général, plainte sur toute la ligne, vœu unanime et travail universel pour remédier au mal. Ces cercles d'ouvriers, ces syndicats d'ouvriers et de patrons, ces corporations qui s'essaient à renaître, ces sociétés coopératives qui fonctionnent partout, ces confréries qui s'établissent et s'étendent, ces as-

______

(1) Si tous les patrons étaient des hommes d'œuvres, comme les André, les Marcellot, les Chatel, la question sociale ne serait peut-être pas née. Mais il y a des maîtres impies et égoïstes ; il y a aussi des ouvriers égoïstes et impies : ce sont les deux facteurs de la guerre sociale, qu'il faut aujourd'hui conjurer par une meilleure justice.

semblées où l'on pérore, ces congrès où l'on propose des projets de lois : c'est une société qui se transforme, c'est un monde nouveau qui émerge. Le régime actuel, avec son parlementarisme bavard et ses députés égoïstes, ne répond à rien dans la société actuelle. Nous marchons à une organisation des travailleurs, à une représentation modifiée de tous les intérêts, au groupement provincial et au régime représentatif : vraie formule de l'administration et du gouvernement de pays par le pays lui-même, organisation politique et sociale du monde des ouvriers en prenant ce mot dans le sens absolu de sa plus juste extension. C'est ce que j'appelle le *quatrième Etat*.

En accordant le suffrage universel, vous avez rendu nécessaire une organisation sociale qui établisse, entre les faits et les principes, une rigoureuse équation. Du moment que l'ouvrier est souverain, il doit l'être en fait comme il l'est en droit, ou il faut supprimer ce mode d'élection.

Vous allez me dire que cette transformation assure le crédit des demi-savants, la fortune des paresseux, mais la ruine des maîtres. Non, les hommes ineptes ou vicieux, sont voués à une infériorité fatale ; les maîtres capables savent se plier aux circonstances.

Vous ajoutez que cette évolution touche aux bases de l'ordre social et confine au socialisme. Non ; l'avènement du quatrième État ne détruit ni la propriété, ni le mariage, ni la famille, ni le capital, ni le travail ; il les harmonise, au contraire, d'une façon plus heureuse, et par leur coexistence améliorée, assure un progrès de la civilisation.

La prépondérance sociale du vrai travailleur, — en prenant ce mot dans son extension légitime, — se borne à assurer une plus juste et plus parfaite rémunération du travail. C'est une œuvre de justice, ce n'est pas une réclamation de privilège.

Et puisqu'il y aura toujours des paresseux, des ivrognes, des libertins, des incapables, avec les rigueurs de

la justice, il nous faudra toujours les effusions de la charité : *Pauperes semper habetis vobiscum.*

Une voix : La charité,c'est ignoble.

Mgr Fèvre : Si vous la trouvez ignoble, c'est que vous
ne la connaissez pas. L'amour de Dieu et du prochain est
le sentiment le plus élevé et le plus pieux que Dieu puisse
inspirer, que l'âme humaine puisse concevoir. Si le mot de
charité vous déplait, mettez en place le mot fraternité, et
même, si cela vous convient, mettez le mot solidarité,
mais vous me prouverez qu'elle est effective.

Le même interrupteur : Vous autres, prêtres, vous avez
la clef des consciences.

Mgr Fèvre : Vous saurez, Monsieur, que les consciences
n'ont pas de serrures, elles s'ouvrent spontanément...
comme la vôtre, au surplus. (*Rires.*)

La société se transforme, elle s'est toujours trans-
formée ; le gouvernement s'assortit, comme il a toujours
dû le faire, à cette transformation ; l'Eglise, comme une
bonne mère, bénit les citoyens laborieux et encourage
les sages gouvernements : *Stat crux dum volvitur orbis.*

C'est une évolution naturelle et bienfaisante de l'humanité, ce n'est pas une révolution sanglante.

Mais retenez bien ce dilemme que le destin vous impose. Nous n'avons pas à choisir entre la stagnation et le
recul : il faut marcher vers l'avenir. Or, dans cette marche, c'est évolution pacifique ou branle-bas de révolution.
A nous de choisir,

Cette proposition,dont j'ai pris l'initiative dans deux ouvrages qui remontent à plusieurs années, n'admet ni
d'autre alternative, ni déclinatoire. Je confesse qu'elle m'a
valu beaucoup d'objections, éveillé même des ressenti-
ments.

Le *comment* et le *pourquoi* sont,parait-il, la dernière raison de toute chose. Ici, les *pourquoi* et les *parce que* surabondent ; le *comment* se dérobe. En procédant par analo-
gie, je me place sur le terrain de l'histoire : c'est la meil-

leure école d'expérience, la plus sûre inspiration de juste réforme.

Du VIe au XIIe siècle, l'ordre social comprenait un état des terres et un état des personnes, bien différent de notre situation actuelle. Il y avait des hommes *libres*, il y avait des *serfs*. L'homme libre était propriétaire ; il devint, un jour, presque souverain : ce fut la féodalité. Le serf, à l'origine, ne possédait qu'une liberté fort précaire et un très modique pécule. Avec le temps, grâce à son travail, à sa foi, à ses vertus, le serf est devenu propriétaire et homme libre. Sous un régime de contrats, favorables à ses efforts, petit à petit, il a pu acquérir une humble chaumière, quelques champs et les cultiver avec ses bœufs. Dans sa petite maison, qui s'élève au bas de la forteresse féodale, il forme, avec ses voisins, une communauté rurale ; il a sa charte, ses privilèges, ses biens communs, ses gages d'ordre, de liberté et d'avenir. Dans les grands centres d'abord, plus tard dans les plus modestes agglomérations, s'établit une commune libre : elle a son maire, son receveur, son juge de paix, son notaire. C'est une petite République, florissante sous l'égide de la monarchie.

Il a fallu six siècles pour détruire le servage ; il a été tellement anéanti qu'on se demande comment il a pu exister.

Du XIIe au XVIIIe siècle, l'état des terres et l'état des personnes libres se maintint, dans des communes franches, au moyen d'associations. Depuis un siècle, cet organisme a été détruit ; le travailleur, réduit à sa personne, laissé aux bonnes et aux mauvaises chances de l'individualisme, soumis à la loi rigoureuse de l'offre et de la demande, exposé à tous les accidents du travail, à toutes les épreuves et à tous les revers de la vie, l'ouvrier libre, s'il n'est pas propriétaire, est sous le régime du salariat.

Le salariat, parmi les vicissitudes du *laisser faire* et du *laisser passer*, a produit, avec des avantages incontestés, de profondes misères. Aujourd'hui, sous l'inspiration du cosmopolitisme financier, il constitue trop souvent une espèce de retour au servage. Ouvriers des villes, ouvriers des champs, tout le monde se plaint ; tout le monde aussi cherche un remède aux ulcères du paupérisme. L'unanimité de ce zèle, l'ardeur de ces efforts, marquent un grand fond de bonne volonté. De là à faire instantanément du travailleur, l'élément constitutionnel, le personnage prépondérant d'un monde nouveau, il y a loin. Une telle transformation n'est l'œuvre ni d'un homme, si savant qu'il soit, ni d'un peuple, si ingénieux qu'il puisse être, ni même d'un siècle, si ardent qu'on le suppose. Et s'il a fallu six siècles pour aller du servage au salariat, peut-être en faudra-t-il plus d'un pour assurer l'avènement définitif, le triomphe irrévocable de la démocratie ouvrière, assise sur la justice.

Mais il suffit à notre honneur de discerner ce mouvement dans les nuages de l'avenir, de le saluer de loin, d'y travailler d'un grand cœur et d'une âme qui ne met pas de bornes à la puissance de ses bons désirs.

Quant à moi, — car un candidat doit ignorer toutes les hésitations, — si vous me demandez comment s'effectuera cette révolution généreuse, je présume que ce sera en diminuant graduellement, prudemment, la productivité du capital. Mgr d'Hulst demandait pourquoi la rente n'était pas réduite à *Un* pour cent. Il n'y a tel que ces gens d'Église pour deviner l'énigme des révolutions ; le fait est que la rente, réduite à ce taux, serait la solution du problème social. — Mieux vaut, en tous cas, procéder ainsi que de jeter au feu le grand livre de la dette publique.

L'Église a toujours proscrit l'usure ; elle a toujours voulu rogner les griffes des écus ; elle dit anathème à qui force la pièce de cent sous à lui procurer la fortune sans travail. L'Église veut que tout le monde mange son pain à la sueur de ses efforts. L'Église est la mère des petits et des pauvres ; elle est aussi l'agent divin de la véritable civilisation.

VI

La fin de la persécution.

Je veux la fin de la persécution.

Vous m'arrêtez ; vous me dites : De persécution, il n'y en a pas. Bismarck a répondu que, pour savoir s'il y a persécution, ce n'est pas le persécuteur qu'il faut interroger, c'est la victime. Personne n'oserait s'avouer persécuteur. Néron lui-même, lorsqu'il enduisait les chrétiens de poix et les brûlait pour ses menus plaisirs, disait ne les immoler qu'au droit méconnu de l'État et aux intérêts de la civilisation.

Il y a persécution, puisque le chef de l'Église, Léon XIII, puisque soixante évêques français ont dénoncé, par actes publics, un complot ourdi pour déchristianiser la France. Déchristianiser, c'était le mot d'ordre de Dioclétien.

Si je parlais, ici, en historien et en philosophe, je dirais même que la passion persécutrice est aujourd'hui, en France, à son comble. Il y a, parmi nous, un parti aveugle et emporté, qui n'est pas seulement anti-catholique, mais anti-chrétien, mais anti-religieux, mais athée et athée jusqu'au fanatisme. Suivant ces étroits docteurs, l'homme n'est qu'un animal assujetti à ses instincts ; dans son passage sur la terre, il n'a qu'à prendre sa part au banquet de la vie. Le Paradis terrestre n'est pas derrière nous, il est devant ; pour y entrer, il suffit d'enfoncer la porte. A cette opération, il y a un obstacle, la croyance en Dieu ; dans les saturnales, il y a un trouble-fête, la religion ; aux festins de Balthasar, il y a une main, qui écrit ses arrêts sur les murailles. Pour que la terre, — cette vallée de larmes, comme dit éloquemment l'Église, — devienne un paradis, il faut donc supprimer la religion, expulser Dieu, arracher du sol jusqu'à la dernière pierre du dernier des temples. A l'heure présente, ce rêve cruel est caressé, je ne dis point seulement par la crapule en délire, mais par de beaux messieurs qui saluent d'avance ces ruines, comme un progrès. Je crois superflu de réfuter de pareilles abominations ; mais la persécution émane de là et c'est pour calmer les communards, que des gens, d'ailleurs peu féroces, ne demandent pas mieux que de livrer les chrétiens aux dieux infernaux de la révolution. (*Mouvement.*)

Dès longtemps, il y avait, dans le parti républicain, une faction impie, un jacobinisme athée, qui voulait, suivant l'expression de Grégoire, *greffer la république sur l'impiété*, c'est-à-dire sur ce qui lui est le plus contraire ; une faction qui voulait, à tout prix, empêcher l'alliance naturelle du christianisme avec la démocratie.

Ce complot, ranimé sous Napoléon III contre le Pape. s'est poursuivi, sous l'opportunisme, contre les prêtres et les évêques. Vous n'avez pas oublié le cri de guerre : Le cléricalisme, voilà l'ennemi !

Depuis, on est tombé à bras raccourcis sur les religieux, sur les curés et, oh horreur ! même sur les vierges chrétiennes. Les expulsions, les laïcisations, les confiscations hypocrites, les curés sac au dos, le Christ à la voirie : vous connaissez cela. Eh bien ! en voilà assez ; tout le monde demande la fin de ces persécutions. Qu'un esprit *nouveau*, l'esprit de tolérance réciproque, prenne la place du vieil et noir esprit de persécution.

Je l'ai dit, je le répète : Comment des libres penseurs, comment des hommes qui déclarent la pensée sacrosainte, peuvent-ils persécuter une pensée quelconque surtout une pensée divine, au moins par l'éclat de sa vérité et de sa puissance ? Comment, sous un régime de concordat et de paix sociale, des hommes politiques peuvent-ils vexer un grand culte ? *Qu'on puisse aller même à la messe, ainsi le veut la liberté*, disait avec raison un organe connu de la gaieté française.

Une voix : Nous ne voulons plus du Concordat.

Mgr Fèvre : Si vous n'en voulez plus faites-en un autre, et si cet autre vous déplaît encore, nous nous en passerons. Si vous croyez que la puissance de la religion tient à une feuille de papier, je vous dirai avec Lacordaire : Vous ne connaissez pas le Nazaréen.

Si quelqu'un voulait contraindre, par la force, un athée quelconque, à un acte de religion, même naturelle, même obligatoire, je serais le premier à le trouver mal. Un acte de religion, imposé par la contrainte, n'est pas une œuvre de piété, c'est un outrage. Mais aller prendre dans sa cellule, au milieu de ses livres, un humble religieux ; mais le faire jeter dans la rue par les gendarmes, c'est le même attentat. Avec cette différence que, contraindre au bien, les tribunaux font cela tous les jours ; mais empêcher le bien et contraindre au mal, c'est œuvre de malfaiteur.

Thiers, qui n'était pas un grand dévot, appelait ces excès *la plus grande faute* qu'un gouvernement puisse commettre, un crime même *contre la philosophie.*

Je ne dis pas cela pour défendre la religion. La religion ne menace personne ; elle nous manque plutôt ; en tout cas je ne la crois pas plus en péril que le soleil, même voilé par des nuages. Je dis cela en esprit politique, parce que la *persécution est l'acheminement* à la tyrannie.

Une voix : Les curés desservants ne doivent recevoir aucun traitement de l'État ; ils ne doivent vivre que des offrandes des fidèles ; c'est la loi.

Mgr Fèvre : Vous tombez mal. Je n'ai ni traitement, ni casuel et je ne demande rien à personne. Mais enfin votre curé ne peut pas vivre de l'air du temps. (*Rires.*) Du reste, nous parlons d'autre chose.

Vous ne voulez pas de religieux ? Soit. Mais vous ne pouvez les proscrire qu'en reconnaissant, à l'État, le droit général d'entreprendre sur la liberté individuelle, sur le choix des professions et sur l'inviolabilité du domicile. Les attentats que vous trouvez légitimes contre les religieux, vous les autorisez directement contre vous mêmes ; et si vous autorisez l'État à de telles entreprises, je ne vois pas ce qui reste de notre droit public.

Vous voulez le droit d'abonnement contre les congréga-
tions ? Soit. Mais vous ne le pouvez qu'en vertu du droit
général, attribué par vous au gouvernement, d'ajouter à
sa guise, aux impôts ordinaires, des impôts extraordinaires, nonobstant clameur de haro et charte normande.
En ce cas, vous faites litière des traditions de l'histoire, des
éléments du droit représentatif ; vous vous livrez au Mi-
notaure qui veut tout dévorer.

Et remarquez-le bien, ces envahissements, ces attentats
monstrueux ont reçu, dans des projets de lois sur la
rente et sur le revenu, un commencement d'exécution.
Savez-vous bien ce que demandaient ces projets ? La clef
de votre domicile, la clef de votre armoire, l'ouverture fa-
cultative de votre bourse, pour que l'Etat puisse prendre
ce qu'il juge lui appartenir. Et comme l'argent peut passer la frontière, comme une maison peut se couvrir par
l'hypothèque, que la terre ne peut se dérober, ces impôts
eussent tué l'agriculture. Si vous supposez la moindre
complication dans les affaires, c'est une nouvelle terreur
qui se lève à l'horizon. (*Une voix* : *C'est enfantin.*)

Non, non ; pas d'enfantinisme, pas de persécutions ; ni
persécuteurs, ni victimes, mais tous libres citoyens d'une
libre république.

Quelques interruptions s'entrecroisent.

Mgr Fèvre : Messieurs, si vous faites du bruit, vous serez obligés de me juger sans m'entendre.

Les interruptions augmentent.

Mgr Fèvre : Messieurs, s'il vous plait, pour la facilité de
la discussion, le bureau va décider que nous ne parle-
rons pas plus de quinze à la fois. (*Hilarité. Le silence se
rétablit.*)

J'ajoute, que, partisan de la paix, je ne demande pas à
l'établir par une agitation parlementaire. Il y a deux ma-
nières de supprimer les mauvaises lois : les remplacer ou
les laisser tomber en désuétude. Je laisserais tomber dans un
juste oubli, toutes les lois de passion et d'aveuglement,

qui dérogent au droit commun et sont autant de causes
de troubles.

Une république libérale, une république ouverte, sagement progressive, n'est-ce pas là le vœu, pieux et patriotique, de tous les bons citoyens ?

VII

L'avenir de la démocratie.

La démocratie implique nécessairement deux choses :
1° l'amélioration du sort des petits et des pauvres ; 2° leur
participation au gouvernement de l'Etat. Une telle idée,
devenue non seulement école et parti, mais puissance et
puissance irrésistible, c'est, en histoire, un grand événement, et, en politique, un grand progrès.

Si vous embrassez, d'un regard synthétique et compréhensif, l'évolution de l'humanité ; si vous cherchez, depuis soixante siècles, les conditions d'existence de la démocratie, vous serez frappé d'une étonnante contradiction. Les quatre mille ans qui précèdent l'avènement de
Jésus-Christ offrent le spectacle navrant d'une décadence
continue. D'un côté, la force des empires va toujours en
augmentant ; de l'autre, la condition des pauvres et des
petits va toujours en diminuant. Les dix-neuf vingtièmes
de l'humanité sont condamnés à l'esclavage ; les hommes
libres, atomes crochus dont l'évolution constitue l'Etat,
se divisent en partis et s'entre-tuent ou se corrompent.
C'est l'asservissement, l'avachissement, la ruine du genre
humain. Depuis Jésus-Christ, changement de front. Le
Sermon sur la montagne forme la grande charte d'un
monde nouveau. A partir du Calvaire, les idées prennent
une autre orientation, les mœurs s'épurent, la famille
chrétienne se constitue, la société se forme à son image,
la conscience publique s'affine, la douceur préside à toutes les relations, un esprit de compatissance et de dévoue-

ment exclut le vieil et dur égoïsme. C'est la rénovation morale de l'espèce humaine, la création du monde moderne.

Le changement des idées et des mœurs se répercute dans les institutions et dans les événements. La mort de S. Télémaque met fin aux combats de gladiateurs ; le culte de la chasteté d'Agnès relève la femme ; l'affranchissement de l'esclave Onésime inaugure le régime de la liberté civile. L'esclavage met dix siècles à disparaître, mais il disparaît ; le servage, qui lui succède, disparaît à son tour. Les villes affirment leurs droits ; les communes s'affranchissent ; les communautés rurales ont leur coutumier ; les corporations ouvrières, les universités, les provinces, les ordres de l'état évoluent dans une harmonieuse coexistence ; les nations forment une espèce de confédération chrétienne. Ce n'est plus le monde ancien où les hommes s'entre-dévorent, où les races s'exterminent ; c'est l'Europe civilisée par l'Evangile, qui envoie ses chevaliers à la délivrance de Jérusalem, qui dépêche ses missionnaires aux hordes asiatiques, qui découvre l'Amérique et s'élance dans toutes les sphères de la grandeur, élevant la croix, pavillon d'espérance, drapeau des immortelles victoires.

La démocratie naît à cette époque, après l'an mil. Les doctrines, les grâces et les vertus de l'Evangile ont été son lointain berceau. Au milieu du chaos des invasions, par le conflit même de toutes les violences, se dégage le principe de la souveraineté populaire, émerge l'idée d'une limitation de la tyrannie, d'une pratique de liberté, d'égalité et de justice. En opposition aux classes élevées, grandissent les classes populaires, sous la protection de la royauté, avec le concours dévoué de la sainte Eglise. Les tendances démocratiques subissent, pendant six siècles, d'étranges vicissitudes ; parfois elles avancent, souvent elles reculent et s'effacent, enfin elles triomphent.

Désormais, la démocratie coule à pleins bords, il s'agit

maintenant de l'organiser. Or, les organisateurs actuels de la démocratie française prétendent mener à bon terme cette œuvre de souveraineté populaire, de liberté, d'égalité, de fraternité et de justice, non seulement en rejetant le pouvoir royal, mais en rejetant la religion, l'Eglise et même la notion de Dieu. Suivant ces audacieux novateurs, l'autonomie de la libre pensée suffit à la constitution de ce monde sans précédent, et l'athéisme social nous offre toutes les garanties d'une prospérité soustraite à toutes les vicissitudes de la fortune. En d'autres termes, la république, par le fait seul de son avènement, fait table rase du passé et prétend trouver, dans l'esprit de l'homme et dans ses combinaisons, tous les éléments nécessaires au bonheur des individus et à l'honneur des peuples. L'homme seul est le créateur de la civilisation à venir.

Une telle prétention est nouvelle. Il n'y en a pas d'exemple dans l'histoire. Aucun philosophe, aucun législateur, aucun peuple n'a porté si haut ses prétentions. Nombre de folies ont leurré le genre humain ; celle-ci n'avait pas encore osé se produire, avec une telle absence de vergogne et un si puéril oubli des éléments du problème à résoudre.

La France nouvelle, inaugurée par la révolution de 1789, est arrivée, après un siècle, à un tournant de son histoire ; elle doit résoudre un problème, non seulement d'organisation politique républicaine, mais d'organisation sociale et démocratique. La préparation nécessaire à cette solution normale, c'est la paix au foyer et au forum, à l'intérieur et à la frontière ; c'est l'agriculture florissante et aussi l'industrie et le commerce ; c'est la décentralisation ayant pour base l'affranchissement des communes et pour formule le pays s'administrant lui-même ; c'est le problème du capital et du travail, du patron et de l'ouvrier, résolu par la conciliation de tous les droits et par un égal respect pour les personnes ; c'est l'épouvantable exaspération du paupérisme ramenée, par des réformes efficaces et par une bienfaisance miraculeuse, à une situation qu'approuve la conscience publique et qui garantisse les bonnes mœurs.

Si quelqu'un pense que l'athéisme social peut rétablir l'ordre dans la raison et dans la conscience, à l'école et dans la famille, dans les ateliers et dans les magasins, sur la place publique et à la frontière, je ne m'attarderai pas à réfuter l'athéisme au nom de la philosophie, de la morale et du droit ; je lui demanderai simplement d'où vient le marasme actuel et si l'athéisme a tant de vertus, pourquoi sommes-nous si malades ? Je lui demanderai d'où vient ce pâle troupeau d'enfants criminels qui déborde des pénitenciers et menace de remplir les prisons ? Je lui demanderai simplement de regarder autour de lui-même et de bien voir si l'athéisme sans phrase ne met pas en péril les pièces de son argenterie et l'honneur de son foyer.

La société de 1789, par la suppression de tout lien corporatif, par la réduction de chaque homme au plus strict individualisme, est arrivée, par la vertu même de son principe, à constituer une féodalité sans entrailles, une bancocratie aveugle et dévorante, une fatalité de fortune pour les uns, de misère pour les autres, qui est au rebours de toute démocratie et qui menace de recul notre vieille civilisation. C'est l'athéisme social qui a produit cet immense désordre ; comment peut-il y porter remède ?

En présence de cette situation, je ne vois, pour en conjurer les périls, que le principe religieux. La religion, c'est lumière et force, lumière pour résoudre les problèmes, force pour en appliquer les solutions. Religion mise à part, je ne vois plus que deux expédients : ou corrompre l'ouvrier pour l'énerver ou redresser le trône des Césars pour l'enchaîner. L'anarchie et le socialisme, les deux produits naturels de l'athéisme social, ne peuvent se guérir ou se neutraliser, que par la pourriture ou par la dictature. Et si vous me dites qu'il y a, dans la raison et dans la conscience, à l'encontre de toute religion, un principe de sagesse, une entente de progrès, qui peut remédier à de si grands maux, je vous dirai que l'histoire n'offre aucun exemple d'une telle hypothèse ; que le présent, mettant en jeu toutes les consciences et tous les intérêts, n'autorise pas ces espérances ; et que demain, le demain du salut ou de la ruine, nous savons à peine s'il verra se lever le soleil.

En 1796, un philosophe disait au clergé de France : On a besoin de vous pour ce qui se prépare ; en 1897, j'ose vous dire : Pour les transformations que vous rêvez, pour les améliorations qui s'imposent à votre patriotisme, vous avez besoin de prêtres et d'Eglise ; vous avez besoin des lumières et des grâces de l'Evangile ; vous avez besoin des deux paires d'ailes du christianisme, pour élever les masses au-dessus de la motte de terre et empêcher la France de rouler aux abîmes.

La force religieuse et morale qui a présidé aux destinées de la France depuis le baptistère de Reims, doit, sous peine de mort, présider encore aux destinées de son avenir.

On disait autrefois: Il faut une religion au peuple. Tout le monde est peuple en fait de religion ; tout homme a un égal besoin de l'assistance divine. Comme l'a dit Montesquieu, la caractéristique nécessaire d'une démocratie, son élément nécessaire de fondation et de prospérité, c'est la vertu ; Rousseau ajoute qu'il n'y a pas de vertu sans religion. Par conséquent sans religion il n'y a pas de démocratie ; mais seulement une démagogie athée, vouée, je le répète, à la dictature ou à la pourriture.

Vous allez crier au cléricalisme. Si par cléricalisme, vous entendez la religion catholique et l'Eglise romaine, vous êtes tous aussi cléricaux que moi, puisque vous êtes baptisés et ne songez pas à apostasier votre baptême. Si, par anti-cléricalisme, vous entendez Judas, Mahomet, Luther, Voltaire, vous n'êtes pas plus anti-cléricaux que moi, puisque vous ne jurez ni par Voltaire, ni par Luther, ni par Mahomet, ni par Judas. Je ne connais qu'une race d'anti-cléricaux indécrottables, ce sont les fous qui se croient nés de la boue des temps primitifs, arrière-petits-fils de la guenon et cousins germains de tous les singes. Qui se refugierait dans ces absurdes négations, s'insulterait jusqu'à la bride.

Que si vous dénoncez une incompatibilité entre l'Eglise et la démocratie, j'affirme le contraire. Depuis 19 siècles, l'Eglise accompagne le monde à travers les âges et préside à tous ses développements. A chaque phase de la civilisation, à chaque crise des peuples et des gouvernements, le christianisme a fourni les lumières et disposé les éléments de toutes les heureuses solutions. Le progrès de l'Europe ne s'est effectué que par le christianisme. La monarchie militaire, la monarchie féodale, la monarchie des trois ordres ont bénéficié des enseignements de l'Evangile ; pourquoi la démocratie en répudierait-elle les bénéfices ? Est-ce que la souveraineté du peuple n'a pas besoin d'une règle suprême ? Est-ce que la république n'a pas besoin d'une loi divine ? Est-ce que la liberté peut se passer de vertu et l'égalité tourner le dos à la fraternité ? Est-ce que les rapports du travail et du capital, de l'ouvrier et du patron se règlent uniquement par les mathématiques et n'ont pas besoin d'un rayon de soleil ? Les lois de la nature, les lois de l'esprit humain, les lois de la religion sont d'accord, pour développer toutes les variétés et toutes les richesses de l'activité humaine, tous les ressorts des institutions, toutes les énergies des peuples. Le prêtre avec la souplesse de son dévouement, a partout une bénédiction à dispenser. Le monde marche sous l'œil de Dieu.

Non, non, plus d'illusions et de folies. Il faut jeter, dans le même sac, radicaux, cléricaux et anti-cléricaux : ce vocabulaire de la haine et de la discorde doit être mis au rancart. Il faut penser que le symbole de la foi et les lois morales ne créent aucun péril. Il faut nous regarder en face comme de braves gens, nous tendre la main comme de bons Français. Pour moi, je me présente à vous comme le missionnaire de la démocratie et l'apôtre de la paix. Et, comme il sied à des esprits fiers, il faut envisager froidement, résoudre courageusement, par les principes chré-

tiens, tous les problèmes que le présent impose à l'avenir
de la démocratie. C'est le salut et la gloire de la France.

VIII

L'idéal politique.

J'avoue que je rougis de défendre, dans une assemblée
républicaine, Dieu, comme principe social. « L'athéisme,
disait Robespierre, est aristocratique ; c'est une erreur de
gens repus. Le peuple français croit à l'existence de Dieu
et à l'immortalité de l'âme. » Robespierre a raison ; Dieu
seul fait des hommes libres. L'homme isolé, eût-il une
notion exacte de son origine et un juste sentiment de sa
destinée, ne saura jamais ni s'élever parfaitement ni se
maintenir longtemps à la hauteur de ses aspirations. Vouloir gouverner sans Dieu, c'est se condamner à n'avoir
sous sa domination que des esclaves du vice, indignes
d'une liberté qui ne prête qu'aux abus. Si l'esclavage était,
dans l'antiquité, de droit commun, déclaré nécessaire par
les philosophes, accepté comme légitime par les législa-
teurs, c'est que les multitudes, corrompues pour avoir
trahi la vérité divine, étaient ingouvernables ; l'ordre
ne subsistait qu'avec des chaines. Dans l'ordre social, la
liberté est le synonyme de la vertu. Je voudrais, avant de
finir, démontrer cette maxime.

On ne peut pas gouverner l'homme sans lui assigner
un but et lui imposer des lois. L'excellence des lois se
mesure à la qualité du but. Si vous indiquez, à l'homme,
un but inférieur à lui-même, un bien périssable, vous le
corrompez par l'avarice ; si vous ne lui indiquez pour but
que lui-même et sa propre exaltation, vous le corrompez
encore plus profondément par la sensualité et par l'or -
gueil ; si vous lui indiquez un but supérieur à lui-même
et au delà de la vie présente, vous devez, au lieu de le
corrompre, l'expurger de ses passions et l'élever aux biens

invisibles que recherchent les plus nobles aspirations de son âme. Dans tous les cas, pour gouverner l'homme, il faut lui assigner un idéal, c'est-à-dire un type obligatoire de perfection. Un homme et un peuple ne valent que suivant la noblesse de l'idéal dont ils poursuivent la conquête.

Or, si vous envisagez l'histoire dans son ensemble, la civilisation n'a poursuivi et ne peut poursuivre que trois types d'idéal : l'idéal grec, l'idéal romain et l'idéal chrétien. De gré ou de force, il faut s'assortir à l'un de ces trois types.

L'idéal grec n'a pour but que l'amusement. Le Grec a peuplé le ciel de dieux peu sérieux, tous vicieux et n'a souci que de leur ressembler. Le Grec veut jouir ; quand il a joui, il veut s'amuser. La vie se chante comme une idylle ; on y mêle la comédie, le drame et l'épopée : c'est pour varier les chants : on y ajoute l'histoire et la philosophie : ce sont encore œuvres des muses et pour chanter. L'Olympe, séjour des dieux, a, pour application aux peuples, les jeux olympiques :

> *Ou les beaux-arts, la danse et la musique.*
> *De cent plaisirs font un plaisir unique* (Voltaire).

Et le résultat ? Un peuple de danseurs et de comédiens, de professeurs de philosophie et d'acrobates, de sophistes, de parasites et de mendiants : *Græculus esuriens cælum, si jusseris, ibit* (Juvénal).

L'idéal romain n'a point pour but d'amuser l'homme, mais de le rapporter à la grandeur de l'Etat. Le Romain est un grain de poussière, un sable à mortier, pour construire, avec ce ciment, une société gigantesque. Si vous cherchez comment la Ville a pu conquérir le monde, vous voyez que c'est en agrandissant l'idéal de Lycurgue ; en subordonnant la famille à son chef, le père à la cité, la cité à la république. La république est seule subsistante ; le Romain, même libre, ne s'appartient pas ; il doit s'immoler pour sa patrie. La patrie, c'est Rome, puis l'Italie, puis l'univers. Conception grandiose, programme admirable, mais machine à tout broyer, bête à tout dévorer : idéal d'une formidable puissance, qui se retournera bientôt contre lui-même, en astreignant l'univers... à quoi ? A fournir des esclaves à la culture des champs, des bêtes à l'amphithéâtre, des femmes au lupanar, des mets à la table de Trimalcion. L'idéal romain, après avoir atteint son but conquérant, vient pourrir sous l'idéal grec ; et ces deux civilisations, animalisées avec élégance, même avec grandeur, aboutissent toutes les deux... au dépotoir, ou mieux, aux gémonies.

L'idéal chrétien est tout autre ; il a pour premier objectif, l'individu, mais pas pour l'amuser, ni l'immoler à la grandeur de l'Etat. Avant tout, il se propose de tirer l'individu de sa propre corruption et de le faire monter jusqu'aux plus hautes cimes de la grandeur personnelle ; il l'institue par la foi dans la science ; par la conscience il l'initie aux vertus ; par les vertus et par la science, il fait de chaque homme la molécule génératrice d'une famille sainte, d'une société chrétienne, d'une humanité rachetée par la grâce de Jésus-Christ. Encore cela ne suffit-il pas, car il veut ramener toutes ces excellences de l'homme privé et public jusqu'aux splendeurs de l'idéal réalisé, dans tous les siècles, au sein de Dieu.

L'idéal grec avait fait des bateleurs et des histrions ; l'idéal romain avait fait des soldats et des conquérants ; l'idéal chrétien fait de braves gens et des gens braves, qu'il aspire à pousser vers tous les sommets possibles de l'humaine grandeur. Et toutes les lois, et toutes les institutions, et tous les pouvoirs et tous les efforts ont, pour raison dernière, d'ôter les pierres d'achoppement devant nos pieds et de nous faire parvenir tous à la plénitude de l'homme divin. Et cet idéal n'est pas resté confiné dans les sphères de la spéculation. Depuis dix-neuf siècles, l'Evangile rayonne sur le monde ; il a créé l'Europe chrétienne ; il a civilisé l'Amérique ; il est en train de conquérir l'Asie, l'Afrique et l'Océanie. Tous les peuples qui comptent en histoire ; tous les événements qui s'imposent au respect du genre humain ; toutes les sciences, tous les arts, tous les chefs-d'œuvre qui ravissent les intelligences, s'épanouissent à sa lumière et vivent de sa vertu.

L'idéal chrétien surpasse tellement les deux autres, qu'il suffit de l'énoncer, pour les flétrir ; et lui, il suffit d'en esquisser la miniature pour emporter les convictions, enchanter les âmes et en attendre tous les sacrifices.

Et maintenant où en est, dans le culte de l'idéal, notre démocratie française ?

L'idéal chrétien, si glorifié par l'histoire, qui a fait des Francs le plus grand peuple des temps modernes, les tribuns et les démagogues le répudient, comme rétrograde, comme propre seulement à satisfaire la raison de ceux qui n'en ont point et à béatifier les pauvres d'esprit ! D'après ces étroits sophistes, le ciel n'entre plus en ligne de compte ; la terre est le berceau, le théâtre et aussi le tombeau de toutes les félicités désirables. La fille aînée de l'Eglise ne veut plus d'Eglise ; le peuple premier-né de l'Eglise romaine ne veut plus ni pape, ni évêques, ni prêtres ; il ne voudrait plus même de Dieu en tant qu'il est connu, aimé et servi, en Jésus-Christ, rédempteur des âmes et roi des nations.

Et pourtant ces fiers esprits n'oseraient pas borner l'homme aux amusements vulgaires et aux immolations politiques ; ils veulent toujours le déifier : c'est un noble but ; mais avec quoi proposent-ils d'atteindre ce but ? Avec un bel idéal ... qui n'existe pas ; avec des rêves, des chimères, des systèmes et de vaines phrases. Or, un homme seul peut s'abuser, s'hypnotiser ; un peuple ne le peut pas. Pour les multitudes, il faut que tous les symboles prennent corps et s'incarnent dans une réalité tangible. Et alors, à la place de Dieu et de Jésus-Christ, savez-vous ce que ces malins proposent ? Pour le présent, pas grand'chose de positif ; pour l'avenir, — car c'est toujours l'avenir qui doit accomplir leur promesse, — rien moins que l'âge d'or. Mais enfin, cet âge d'or, si

vous le déshabillez de ses oripeaux, quel est son symbole ?
Le veau d'or. Mais le veau d'or ne se mange pas ; alors
ils promettent un banquet qui dure toujours et à la garde
du festin, un sabre qui ne s'ébrèchera jamais. Un sabre
entre deux plats : voilà les insignes du drapeau idéal.
C'est glorieux ; malheureusement ça manque de prestige,
de solidité et de durée. Alors la société peut devenir une
troupe de loups qui s'entredéchirent pour s'assurer une
proie. D'après le nouvel idéal, les hommes doivent se
battre pour savoir,— le mot est de Napoléon — à qui sera la
plus belle femme et la plus grosse poire. (*Hilarité.*)

Si vous sortez de ces déductions, pour venir aux obser-
vations empiriques, que voyons-nous ?

L'idéal grec, Dieu écarté, a toujours les sympathies des
foules, étrangères à la foi chrétienne ou défectionnaires
de la bonne pratique. La multitude consent à travailler
autant que besoin est, mais si peu que ce soit. Alors pour
l'exciter à la puissance de production, les augures lui
promettent la surabondance de la consommation. A ces
promesses et suivant ses instincts, le peuple ne veut plus
que jouir et se réjouir. Ne lui parlez plus de renoncement,
d'abstinences, de privations, de lois qui obligent à immoler nos passions sur l'autel du sacrifice. Ces discours, bons
en d'autres temps, ne paraissent plus recevables. L'homme
nouveau veut dévorer, avec une sage prudence et un in-
satiable appétit, tous les plaisirs de la terre ; et, au milieu
de ses festins, veille à s'épargner avec un égal souci, les
jeûnes, les courbatures d'estomac et les rhumatismes.
D'après ces basses pratiques, la civilisation, objet perpé-
tuel de dithyrambes, ne serait plus, comme l'a dit plai-
samment un homme d'esprit, qu'un baquet à remplir
toujours et à épuiser sans cesse. Mais si vous revenez au
vil idéal de la décadence païenne ; si vous criez : Du pain
et des jeux ! vous devez, à brève échéance, vous pourvoir
d'un autocrate, regorgant de fantaisies et de voluptés, qui
promettra une satisfaction aux misérables vœux de la
multitude. C'est la fin de la république : *Ecce quam vili*

morte perimus, disait Cicéron ; voilà de quelle lâche mort nous sommes menacés.

L'idéal romain, Dieu écarté, a toujours les sympathies des hommes de gouvernement. Ces tribuns aspirent tous au rôle de dictateur, et, sous les apparences de la république, ils sont tous, plus ou moins, la monnaie de César. L'État doit garder, même en république, la notion césarienne; lorsqu'il s'incarne en leur précieuse personne, il se revêt de l'omnipotence. A cette puissance éphémère, mais souveraine, il faut des esclaves, décorés du vain titre de citoyen, devenu synonyme de chair à canon et d'animal de gloire. Ne croyez pas autrement qu'ils veuillent s'élancer à la conquête du monde. Non ; s'ils font du bruit avec des tambours, c'est, comme les enfants, pour se persuader qu'ils sont braves ; mais si vous dégainez, sous leurs yeux, une épée flamboyante, ils commencent à trembler. Cette France, cette grande France, que les rois avaient créée par la politique et par les armes, ils savent à peine la garder, et, pour usurper le pouvoir, consentent à la rétrécir. Pendant qu'ils se prélassent sur le pavois mobile de l'autocratie, la France diminue même matériellement : sa population se raréfie, son territoire se restreint, son sol perd la moitié de sa valeur. Les politiciens se consolent de toutes les disgrâces en se rengorgeant. Ce sont eux qui sont les princes de la décadence et après eux le déluge, mais sans radeau pour le sauvetage.

Je dis donc, au nom de la morale et de l'expérience, au nom de la logique, de la philosophie et de l'histoire que les sectaires opportunistes et radicaux, en repoussant l'idéal chrétien, ne le remplacent, par aucun idéal supérieur ; nous rabaissent à l'idéal romain, à l'idéal grec, à la servitude et à la corruption, aux chants lascifs de la Grèce et aux orgies de la décrépitude romaine.

Je dis qu'en chassant Dieu de l'école, de la famille, de l'atelier, de la chaumière, de la caserne, de l'hôpital, des tribunaux, de la loi, de partout ; je dis qu'en ruinant les fabriques paroissiales, en compromettant les recrues du sanctuaire, en dispersant et spoliant les ordres religieux ; je dis qu'en parlant de supprimer le budget des cultes, d'abolir le Concordat, de fermer les églises, de faire de la profession du christianisme un crime contre l'Etat : ces sectateurs, inattendus et inavoués, de l'idéalisme grec et romain, n'ont vu fleurir, sous leur règne que la pornographie, et s'ils n'ont conquis ni Carthage, ni Numance, ils ont, à leur actif, je veux dire à leur passif, le milliard et demi du Panama, les croix décernées à Reinach et à Cornelius Herz, la corruption parlementaire d'Arton, le krack de l'Union générale, le Comptoir d'Escompte, les chemins de fer du Sud, les phosphates d'Algérie, les coups de Bourse, les rafles des métaux, les spéculations sur les produits de la terre, et une multitude de moindres brigandages, le scandale de la France et sa honte devant l'univers.

Je dis qu'avec leur école sans Dieu, ils donnent une, prime à l'essor des mauvais instincts, aux excès du vice au peuplement des prisons. L'école sans Dieu est une pépinière de socialistes et d'anarchistes.

Je dis qu'avec leur famille sans Dieu, avec le divorce qui rompt le lien conjugal, ils éteignent la flamme du foyer, et font, de la maison, un enfer, en attendant qu'elle devienne un désert.

Je dis qu'avec leur société sans Dieu, ce ne sont pas des hommes politiques, ni des hommes instruits, pas même des païens sensés et honnêtes ; ce sont des démagogues sans vertu et des tribuns sans doctrine. Je ne les accuse pas d'être des bandits qui veulent opérer légalement sans courir le risque du bagne. J'aime à croire que nous n'avons devant nous que des adversaires honnêtes, mais aveugles. Mais je veux rappeler la logique de l'histoire et le phénomène constant des révolutions. Derrière les impies viennent les sophistes, derrière les sophistes les aveugles, derrière les aveugles les assassins. Après Mirabeau, Robespierre ; après les emphases de la Consti-

tuante, les massacres de la Terreur ; après les merveilles
de nos Expositions, la Commune, les fusillades de la Ro-
quette et de la rue Haxo, le grand incendie de la Baby-
lone moderne, comparable, en attendant mieux, à l'incendie d'Ilion, de Sagonte, de Rome et de Jérusalem.

Un poète allemand a dit que 1793 n'était qu'une idylle,
s'il se compare à la prochaine révolution. D'ores et déjà
nous sommes certains que la répudiation de l'idéal religieux a confondu les idées, perdu les mœurs, oblitéré la
conscience publique, exaspéré les passions, poussé les
partis à d'horribles entreprises. Si Dieu ne sauve la
France, nous serons tous enveloppés dans une commune catastrophe.

RÉSUMÉ

Tel est, messieurs, pour le développement de ma profession de foi, l'ensemble de mes convictions ; telle serait,
au Sénat, la règle de ma conduite, l'inspiration de mes
votes et de mes discours. Je serais, dans la haute assemblée, un homme de combat. Au lieu de m'asservir, comme
Dupanloup, comme Freppel, au plan de campagne tracé
par la ligue judéo-maçonnique et de me borner à une
résistance, éloquente peut-être, mais inutile et vaincue
d'avance, je voudrais, comme O'Connell, comme Wind-
thorst, par des attaques réitérées et, s'il se peut, quotidien-
nes, repousser les assauts des sectes athées et briser le
joug qui nous opprime. Le principe de toutes nos aberrations et de tous nos malheurs, c'est l'impiété ; c'est une
notion fausse de la dignité de l'homme et de la destinée
des peuples ; je voudrais revenir à l'idéal chrétien et rétablir les bases séculaires de la civilisation. Champion de la
sainte Église, défenseur des glorieuses traditions de la
France, interprète intelligent, je crois, de tous les progrès
civils et politiques, c'est par la foi religieuse que je voudrais garantir la prospérité nationale. On ne peut logique-

ment m'opposer que le rationalisme et le matérialisme, deux synonymes équivoques du bestialisme. Je ne descends pas à discuter ces canailles de doctrines ; je les méprise, je les repousse ; et c'est sur les hauts sommets, dans la pleine lumière de l'Evangile, que je veux fixer les âmes dévoyées et abattues.

Voilà ma profession de foi, voilà ma politique.

Ma politique ne s'inspire ni de Solon, ni de Lycurgue, ni des Césars ; je dirais plutôt qu'elle les répudie pour s'inspirer uniquement des doctrines et de la morale du Christ.

Ma politique ne veut rien faire pour les plaisirs de la nation ; elle veut se consacrer exclusivement à ses plus nobles intérêts. Ce qui la caractérise, c'est qu'elle veut garantir les intérêts par de fermes croyances, par de fortes vertus, par de sages réformes, par les vaillantes institutions de la liberté, par des franchises plus larges, concédées à un plus grand nombre de citoyens.

Ma politique ne vise pas à refaire un passé quelconque ; elle vise à créer, avec les débris qui jonchent le sol, une France nouvelle ; non pas une France militaire, féodale ou monarchique, mais une France démocratique et républicaine. Il n'y a, sans doute, qu'une France, la grande, la douce, la noble France. Les siècles qui ont dispensé sa gloire, n'ont pas détruit son identité ; mais, dans la suite des âges, elle a subi d'incessantes, parfois nécessaires, souvent glorieuses transformations. C'est toujours la France, mais dans des conditions qui changent sa physionomie, sans altérer son caractère. C'est toujours la France éloquente et guerrière, laborieuse et chevaleresque, qui va de l'avant et veut entraîner à sa suite tous les peuples du monde.

Ma politique, pour assurer les gloires du XXe siècle, répudie absolument l'anarchie et le socialisme ; elle ne réprouve pas moins, comme causes de désordre, toute attaque à la religion, tout empiétement sur le domaine sacré de l'Eglise. Liberté pour tout, liberté pour tous,

.excepté pour le mal et pour les malfaiteurs. Le premier élément de cette liberté générale, c'est l'esprit de foi et de conscience, c'est l'esprit de probité, de travail et de sacrifice. En vain, les institutions seront parfaites, si les hommes sont lâches, rien ne réussira. La religion est l'appui nécessaire des bonnes mœurs ; l'Eglise en est l'école.

La république paraît la forme régulière de la démocratie, une sorte d'équation entre la souveraineté du peuple et le suffrage universel. Libres citoyens, qui fondons cette république pour la garantie sociale de nos droits personnels, nous nous proclamons impuissants à conférer des mandats de persécution ou de tyrannie. La république que nous entendons établir, implique de larges bases d'équité et de tolérance, qui ne lui ont que trop manqué dans l'ardeur des premières luttes. Nous la voulons dirigée par un gouvernement fort et obéi : parce que ce gouvernement peut seul nous donner ce qu'attendent tous les bons Français : le respect de Dieu, la liberté des citoyens, la protection des faibles, et, dans le concert pacifique des peuples, la grandeur de la France.

En résumé, le vieux monde, dans tout ce qu'il avait de périssable, est mort, sans espoir de résurrection. Un monde nouveau commence ; il s'agit de l'établir sur les bases éternelles de l'ordre social et des progrès divins. Spectateur intéressé, philosophe studieux de cette palingénésie, nous vous avons dit dans quelle mesure nous pourrions, comme homme politique, consacrer nos efforts à ce grand œuvre des siècles.

CONCLUSION

Un mot encore et je finis.

Je dois, à mes adversaires, cette justice que, dans leurs journaux, ils n'ont pas trop déprécié ma personne. Quelques aboiements à la soutane, qui n'est, après tout, que la toge antique, la robe des conquérants qui ont soumis le monde à la vérité par la seule force de la parole sainte ; quelques puériles allégations de cléricalisme, qui n'est, au surplus, que la fidélité aux engagements du baptême, et dont ceux-là seuls essaient de faire un argument, qui n'ont rien de sérieux à objecter : c'est tout. Si les concurrents n'ont pas poussé plus loin, c'est qu'ils ne manquent ni de raison, ni de délicatesse, je les en félicite. (*Assentiment.*)

Pour moi, la situation, à certains égards triste, qui m'a été faite, m'oblige à ne rien taire. Je ne rougis point de mon passé. Né dans la banlieue de cette ville, d'un humble instituteur, qui voulut faire de son fils ce que son fils a voulu devenir, j'ai eu, pour berceau de ma pensée, cette bonne ville de Chaumont. Si Riaucourt m'a donné le sang vital, Chaumont m'a donné le nerf de l'action et le principe de la force. Entre les temps lointains, où j'y venais chercher des livres et l'heure où me voilà briguant un mandat sénatorial, il s'est écoulé bien des années. Ces années, je les ai consacrées très affectueusement au service des petits et des pauvres ; j'ai voué tous mes loisirs à l'étude et aux travaux d'esprit. Ces travaux, j'ai eu le bonheur de les voir fructifier. Ma plume a composé, pour l'enseignement des classes élevées et pour l'instruction de l'avenir, de grands ouvrages d'histoire ; elle a été assez heureuse pour donner du travail aux ouvriers et verser, dans le mouvement commercial de la librairie française, plusieurs millions. Je m'attarde à ces souvenirs ; vous me le pardonnerez. (*Assentiment.*)

Ma vie avait été jusque-là sans tache, mon ministère plutôt digne de louange, lorsque, en 1893, des membres du comité catholique me pressèrent de me présenter à la députation. Humble soldat de l'Eglise militante, docile aux instructions pontificales, je crus devoir céder à ces instances : je donnai mon nom comme point de ralliement ; je dressai ma profession de foi comme drapeau politique. Sans aucune démarche de ma part, cette candidature trop tardive, à peine connue dans plusieurs cantons, obtint deux mille cinq cents voix : c'était un hommage spontané, rendu aux vrais principes sociaux ; c'était peut-être aussi une marque de confiance en ma personne : ce fut mon arrêt de mort. (*Mouvement.*)

Curé en paroisse, mais citoyen français, électeur et éligible, j'avais revendiqué les bénéfices de la loi constitutionnelle. Sur les réclamations d'un eunuque du sérail (je n'ai pas besoin de le nommer), le ministre des cultes demanda immédiatement, commanda itérativement, de la façon la plus impérieuse, ma destitution : j'ai été destitué cette année... je suis un proscrit de l'opportunisme. C'est pourquoi je me suis levé dans ma dignité méconnue et dans mon droit violé ; je me présente à vous, non pas en vaincu, mais en victime de persécution, qui veut faire, d'une épreuve injuste, un accroissement de puissance doctrinale ; je me présente en apôtre de la paix sociale, en missionnaire de la démocratie française ; et debout sous les plis du drapeau français, je déploie à vos yeux, peut-être surpris, le programme des réformes nécessaires et des vrais progrès. Par-dessus tout et avant tout, je vous demande, Messieurs, la réparation que des hommes de cœur ne refusent jamais à un homme d'honneur, surtout quand cet homme d'honneur est un citoyen proscrit, frappé sans autre crime que d'avoir usé, en esprit démocratique, du plus haut droit de citoyen. (*Applaudissements prolongés.*)

... Je vous remercie, Messieurs (*Nouveaux applaudissements*). Le temps me ravit la parole ; il me laisse votre justice et me gardera votre estime. Demain, dans l'émission de vos suffrages, vous n'aurez pas à choisir entre le vêtement laïque et la soutane : ceux qui poseraient la question en ces termes sont des esprits faibles, étrangers aux idées. Vous n'aurez point à choisir, comme le prétendent d'étroits sectaires, entre la France et l'Eglise ; l'Eglise et la France ont vogué seize siècles sur l'océan des âges ; elles ont navigué de conserve, évité les écueils, bravé les tempêtes, fourni un cours glorieux, ayant toujours, comme la création tout entière, leur orientation vers le ciel. La fusion des races sur notre sol après les invasions; la constitution régulière de toutes les forces nationales ; le développement continu de la royauté, de la noblesse, de la bourgeoisie, du peuple et du clergé ; l'élévation constante de la démocratie sous la protection parallèle du pouvoir et de la religion ; l'accroissement glorieux de la France par la conquête, sans préjudice pour l'unité ; son ascension providentielle par les monastères, par les écoles, par les cathédrales, par la chevalerie, par les croisades, par les universités, par l'affranchissement des communes : tout cela, Messieurs, prouve la concordance du sacerdoce et de la patrie, la fécondité de l'alliance qui attache la France à son vieux culte. (*Sensation.*)

Oui, Messieurs, l'histoire de France est, dans sa longue durée, la plus belle histoire des temps modernes ; la plus noble, la plus grande, la plus glorieuse, par la multitude et l'immensité de ses rayonnements. A cette pensée, je sens s'éveiller et frémir en moi toutes les puissances de l'admiration. Et si, au lieu de ma faible voix, j'avais à la main une lyre, il me semble que je ferais éclater, en vous, tous les élans, toutes les émotions du plus vif enthousiasme. (*Applaudissements.*)

C'est là dessus, Messieurs, que vous devez prononcer demain. Demain, vous devez dire si le passé doit être la règle du présent et le miroir de l'avenir ; demain vous devez dire si, en atteignant cette fin de siècle, nous allons nous briser au cap des tempêtes ou doubler le cap de bonne espérance. Et pour rendre cet arrêt patriotique, vous devez opter entre des principes salutaires et des illusions néfastes, entre des réformes sérieuses et de puériles expédients, entre l'obstination ténébreuse de l'impiété et les illuminations de la sagesse, glorifiée par la tradition des siècles. (*Mouvements divers.*)

Vous direz, Messieurs, s'il vous plait que la persécution continue, et, avec la persécution, que la discorde, la déper-

dition de nos forces, nous acheminent vers l'anarchie et le
socialisme ;

Vous direz s'il vous plait que l'épouvantable désordre
des finances publiques s'aggrave et nous entraine au gouf-
fre de la faillite, de la banqueroute ;

Vous direz s'il vous plait qu'on ferme les yeux et les
mains à tout projet de réforme sociale et politique ;

Vous direz s'il vous plait que l'agriculture périsse ; s'il
vous plait que la paix armée ruine l'Europe et la conver-
tisse un jour en désert ; s'il vous plait que la banqueroute,
la guerre civile et étrangère fassent, de notre France, un
champ de carnage. (*Sensation profonde.*)

Depuis vingt ans, vous êtes les dupes de l'opportunisme ;
détrompez-vous. L'opportunisme, comme l'impérialisme,
est une création de l'égoïsme ; c'est un ensemble de con-
ceptions anti-sociales et anti-politiques, de pratiques lou-
ches et misérables, d'hommes, sans doute, très forts, mais
qui voulaient, l'un l'Empire, l'autre la République, tout
simplement pour se créer une dictature ; et si l'un et
l'autre ont préconisé beaucoup la démocratie, c'était pour
s'en faire un piédestal : par leur monstrueux égoïsme,
ils ont plutôt compromis que servi son évolution. La
preuve en est que cette démocratie, fleur surnaturelle et
fruit merveilleux de l'Evangile, qui progresse en France
depuis sept siècles, est aujourd'hui, d'après le sentiment
commun, en danger de ruine ; et lorsque les démagogues
entendent la développer par l'athéisme social, ils prennent
le plus sûr moyen, non pas d'assurer son triomphe, mais
de l'ensanglanter et de le trahir. (*Sensations diverses.*)

L'opportunisme n'a plus ni une idée, ni un homme, ni
un écu ; il est fini, vidé, mort, déshonoré par ses malheurs,
châtié dans son orgueil par le châtiment le plus cruel
que l'orgueil puisse recevoir, la preuve mathématique
de son impuissance. Le radicalisme impie, qui réclame
son héritage, admet toutes ses aberrations ; il veut seulement faire plus vite ce que l'autre voulait, au moins, exé-
cuter avec prudence. Le radicalisme est un pont qui va

tout droit, de l'opportunisme, aux abîmes. Lorsque, récemment, à Carmaux, il chantait la Carmagnole et réclamait du plomb pour fusiller le bourgeois, il découvrait suffisamment ses principes, ses doctrines et son but. A l'horizon prochain se dressent les spectres de l'anarchie et du socialisme, l'un poussant à la guerre civile, l'autre à la guerre sociale, tous deux à la destruction de la France : souvenez-vous de Ravachol et de Caserio. La banqueroute, la hideuse banqueroute, pas seulement la banqueroute des écus, mais la banqueroute des idées, la banqueroute des mœurs, la banqueroute des lois, la banqueroute des institutions et des hommes, est à vos portes... et vous hésiteriez ! (*Sensation profonde ; quelques applaudissements se font entendre.*)

Eh bien, non, Messieurs, ce serait trop. La nuit porte conseil ; vous écouterez, cette nuit, la voix de Dieu, la voix de la raison et de la conscience ; elles vous conjurent d'avoir pitié de notre patrie... Vous voterez, demain, non pas en électeurs obtus ; non pas en sectaires aveugles ou aigris ; mais en fils de la noble France. (*Mouvement.*)

Pour moi, Messieurs, s'il m'est permis d'ajouter un mot, en m'envoyant au Sénat, vous m'investiriez de l'héritage du célèbre Dupanloup. Fier d'une telle succession, trop peu capable d'y faire honneur, je n'aurais pour égaler cet évêque en force et le surpasser en sagesse, qu'à suivre la consigne du Saint-Siège et à m'inspirer de votre patriotisme. (*Applaudissements prolongés.*)

(La séance est suspendue pendant quelques minutes ; l'orateur, avant de se rasseoir, reçoit quelques poignées de main et les félicitations des membres du bureau.)

QUESTIONS

Après le prononcé des discours, il est posé, aux candidats, par les électeurs, diverses questions. Voici les questions posées à Mgr Fèvre :

1° Que pensez-vous de la nouvelle loi sur les droits de succession ?

Réponse : Pour répondre à cette question, il faut dire l'état actuel de la législation successorale et montrer en quoi la nouvelle loi en augmente les charges.

En France, le Code admet la successibilité jusqu'au douzième degré et dispose que plus l'héritier est éloigné de la souche, plus l'État lui fait payer des droits élevés. La nouvelle loi a pour but d'augmenter encore ces droits de succession. Or, j'admets ce principe d'augmentation à deux conditions : 1° Que les successions qui ne dépassent pas 5000 francs ne paieront rien au fisc ; 2° que les droits sur les plus riches successions ne suivront pas une progression indéfinie, parce qu'il viendrait un moment où la progression du droit confisquerait l'héritage, mesure que je considère comme très injuste et très immorale.

Ma raison pour l'exemption des petites fortunes, c'est que l'État a tout intérêt à multiplier les petits propriétaires. Les petits propriétaires sont la force de la société et l'appui d'un honnête gouvernement ; s'ils disparaissent on ne voit plus qu'une vile multitude qui réclame du pain et des jeux, que des prétoriens séditieux qui acclament de misérables Césars. Alors il faut que l'État nourrisse ces foules pauvres ; ne vaut-il pas mieux, à tous égards, les garder au travail, à la famille et à l'ordre public ?

Ma raison pour ne pas accepter la progression socialiste

de l'impôt, c'est que le sang de nos pères coule dans nos veine s et que leur bien, fruit de leurs sueurs et aussi de leur sang, doit nous appartenir Il faut, à tout prix, garder à la famille, le bien de la famille.

Cependant il y aurait lieu d'examiner ces deux questions, savoir : s'il ne serait pas possible de retrancher quelques degrés à l'ordre de successibilité : et si, pour les grosses, très grosses fortunes, il ne serait pas juste de demander une plus forte contribution à la prospérité de l'ordre social. Ce serait une sorte de droit d'aubaine.

2° Ne croyez-vous pas qu'il vaudrait mieux, pour l'élection du Sénat, admettre le suffrage universel ?

Réponse : Du moment que toutes les élections se font au suffrage universel direct, je ne vois pas de motif pour en excepter le Sénat. Si ce mode d'élection est bon en soi, il est bon aussi pour le Sénat ; s'il ne vaut rien pour le Sénat, il ne vaut rien pour personne. J'admets parfaitement que le Sénat soit élu comme la Chambre des députés.

Mais je dois dire et j'ose dire que le suffrage universel me paraît susceptible d'une meilleure organisation. Elire, c'est choisir ; choisir suppose qu'on possède une parfaite connaissance des services et une exacte appréciation des personnes. Or, dans les élections, les trois quarts du temps, on ne sait ni pour qui, ni pour quoi on vote. Je crois que l'élection à deux degrés serait une meilleure application du suffrage universel et de la souveraineté du peuple.

Je crois, de plus, qu'il faudrait, après les élections, tenir compte des droits de la minorité. En principe, la minorité a les mêmes droits que la majorité. Quelques voix de plus ou de moins ne changent rien à la possession du droit.

Je crois, enfin, que, pour la représentation nationale, il y a lieu de chercher un mode d'expression qui permette aux différentes professions d'être entendues et respectées. Toutes les forces sociales, politiques, économiques, civiles et religieuses doivent avoir voix au chapitre du parlement.

J'ajoute qu'il y a lieu de donner aux engagements électoraux, une sanction et d'examiner la question du mandat impératif. Le peuple français est le plus flatté, le plus trompé et le plus volé des peuples.

3° Que pensez-vous des prérogatives financières du Sénat ?

Réponse : Si nous admettons que le Sénat soit élu comme la Chambre des députés, il doit avoir les mêmes prérogatives financières ; le budget n'est valable qu'autant qu'il est voté, à droit égal, par les deux Chambres.

La Chambre des députés se montre, pour la gestion des finances, d'une étonnante facilité. Je trouve que l'opposition du Sénat offre à peine un suffisant contrôle ; je voudrais plutôt augmenter les prérogatives du Sénat. pour contenir et punir plus efficacement les exploits déplorables des panamistes et des paniers percés.

Je n'hésite même pas à déclarer que, selon moi, les prérogatives financières de la Chambre des députés sont sujettes à revision. Les représentants du peuple tenaient les cordons de la bourse, lorsque les décimes étaient dépensés par les rois ; du moment que nos élus dépensent eux-mêmes les sommes d'argent qu'ils votent, il me paraît dangereux de laisser ainsi nos fortunes à merci et miséricorde. Dans la confusion où nous sommes tombés du législatif et de l'exécutif, le vote du budget par la seule Chambre des députés, c'est la même chose que si autrefois le budget avait été voté par les rois. Nous sommes sortis de notre droit national.

4° Vous répudiez l'ancien régime ; vous n'êtes ni bonapartiste, ni orléaniste : qui êtes-vous et que voulez-vous ?

Réponse : Je suis un citoyen français qui aspire à constituer une France nouvelle.

L'ancienne France a été détruite par la Révolution. La

Révolution a su détruire, elle n'a pas su édifier ; elle nous
a laissés en pleine anarchie et nous sommes venus à la
guerre sociale. Cet état ne peut pas durer plus longtemps.
A mon humble avis, nous devons tous travailler à la
constitution d'une France démocratique et d'une société
chrétienne. Les deux choses sont solidaires. Si nou
christianisons pas la société, la république ne vivra , ..
Vive la République : Ce cri signifie pour moi l'inauguration
d'un régime chrétien. A l'encontre de cette espérance la
politique ne vaut pas un quart d'heure de peine et ne
mérite pas d'occuper des honnêtes gens ; ce n'est qu'une
spécialité d'intrigants, de menteurs, de concussionn s
et de tyrans dissimulés sous le masque de la démagogie.

SOMMAIRE

N.-B. — Les noms cités pages 28-29 se trouvent au répertoire
de la Comédie et même dans Racine.

Imp. G. Saint-Aubin et Thevenot. — J. Thevenot, successeur, Saint-Dizier.